Reset mental,

Jorge Luis Da Silva Amaral

Reset mental,

Tome o controle da sua vida,
Vença as limitações da sua mente,
E construa riqueza.

Sumário

14.2 Vivendo uma vida com significado e propósito

14.3 Contribuindo para o bem-estar coletivo através do seu propósito

Capítulo 15: Compreendendo a Origem dos Traumas

1.1 Identificando experiências traumáticas passadas

1.2 Entendendo como os traumas afetam a mente

1.3 Reconhecendo padrões de comportamento relacionados a traumas

Capítulo 16: Reconhecendo Sinais de Trauma e Limitações

16.1 Identificando sinais físicos e emocionais de trauma

16.2 Compreendendo as limitações impostas pelos traumas

16.3 Explorando os efeitos do trauma na autoestima e autoconfiança

Capítulo 17: Desbloqueando crenças limitantes

17.1 Identificando crenças limitantes pessoais

17.2 Desafiando e questionando crenças limitantes

17.3 Substituindo crenças limitantes por pensamentos positivos

Capítulo 18: Vencendo a sua mente tomando o controle

18.1 A importância do autodomínio mental

18.2 Estratégias para controlar pensamentos negativos

18.3 Práticas para fortalecer a força de vontade e disciplina mental

Capítulo 19: O poder que a mente tem de criar uma realidade

19.1 Compreendendo o poder da mente na manifestação da realidade

19.2 Utilizando técnicas de visualização para alcançar objetivos

19.3 Criando afirmações positivas para reprogramar a mente

Capítulo 20: Utilizando a Visualização Criativa

20.1 A importância da visualização criativa na reprogramação mental

20.2 Técnicas e exercícios de visualização criativa

20.3 Aplicando a visualização criativa para superar desafios

Capítulo 21: Desafiando o Medo do Fracasso

21.1 Identificando o medo do fracasso e suas origens

21.2 Estratégias para enfrentar e superar o medo do fracasso

21.3 Transformando o medo em motivação e oportunidade

Capítulo 22: Desenvolvendo a Autoestima e a Autoconfiança

22.1 Reconhecendo a importância da autoestima e autoconfiança

22.2 Práticas para fortalecer a autoestima e autoconfiança

22.3 Superando inseguranças e construindo uma imagem positiva de si mesmo

Capítulo 23: Resetando sua mente

23.1 Compreendendo o conceito de reset mental

23.2 Estratégias para reiniciar a mente e liberar traumas passados

23.3 Cultivando uma mentalidade de crescimento contínuo

Capítulo 24: Construindo Riqueza

24.1 Explorando as crenças limitantes relacionadas à riqueza

24.2 Mudança de mentalidade em relação à riqueza

24.3 Estratégias para criar uma base sólida para a construção de riqueza

Capítulo 1:

Entendendo a Mente e sua Influência na Vida

1.1 Como a mente funciona

A mente humana é um órgão complexo e fascinante, responsável por processar informações, armazenar memórias, tomar decisões e influenciar nossas emoções e comportamentos.

Compreender como a mente funciona é essencial para aproveitar seu poder máximo e alcançar o sucesso em todas as áreas da vida. A mente é composta por diferentes partes interconectadas, cada uma desempenhando um papel específico em nosso funcionamento mental.

O cérebro, por exemplo, é o centro de controle do sistema nervoso e está envolvido em todas as atividades mentais. Ele processa informações sensoriais, coordena movimentos corporais e regula funções vitais.

Além disso, a mente também inclui aspectos cognitivos, emocionais e subconscientes.

Nossos pensamentos conscientes são apenas a ponta do iceberg - grande parte do processamento mental ocorre no nível subconsciente.

É nessa camada profunda da mente que estão armazenadas crenças limitantes, traumas passados e padrões de pensamento negativos que podem nos impedir de alcançar nosso pleno potencial.

Para entender melhor como a mente funciona, podemos olhar para o campo da neurociência. Estudos recentes têm revelado insights surpreendentes sobre o funcionamento do cérebro humano.

Por exemplo, descobriu-se que o cérebro tem uma capacidade incrível de se adaptar e mudar ao longo da vida - um fenômeno conhecido como neuroplasticidade.

Isso significa que podemos reprogramar nossa mente através de práticas como a meditação, o treinamento mental e a visualização criativa.

Ao direcionar nossa atenção e intenção para pensamentos positivos e construtivos, podemos fortalecer as conexões neurais associadas a esses padrões mentais saudáveis e enfraquecer as conexões relacionadas a pensamentos negativos.

1.2 Treinando a mente para trabalhar a seu favor

Uma vez que entendemos como a mente funciona, podemos começar a treiná-la para trabalhar a nosso favor. Assim como um músculo, a mente pode ser exercitada e fortalecida com práticas regulares.

Uma das maneiras mais eficazes de treinar a mente é através da prática da atenção plena ou mindfulness.

A atenção plena envolve estar consciente do momento presente, sem julgamento ou apego aos pensamentos ou emoções que surgem. Essa prática nos ajuda a cultivar uma maior consciência de nossos padrões mentais e emocionais, permitindo-nos responder de forma mais consciente e deliberada às situações da vida.

Outra técnica poderosa é o uso de afirmações positivas. As afirmações são declarações curtas e afirmativas que descrevem uma realidade desejada. Ao repetir essas afirmações regularmente, estamos reprogramando nossa mente subconsciente para aceitar essas crenças como verdadeiras. Por exemplo, se você deseja alcançar sucesso financeiro, pode repetir diariamente: "Eu sou abundante e mereço prosperidade em minha vida".

Além disso, é importante desenvolver uma mentalidade de crescimento - uma crença de que nossas habilidades e inteligência podem ser desenvolvidas através do esforço e da prática. Ao adotar essa mentalidade, estamos abertos a desafios, aprendizado contínuo e crescimento pessoal.

1.3 Reprogramando pensamentos negativos em positivos

Um dos maiores obstáculos para o sucesso é a presença de pensamentos negativos e crenças limitantes em nossa mente. Esses padrões mentais autodestrutivos podem nos impedir de tomar medidas necessárias para alcançar nossos objetivos.

A boa notícia é que podemos reprogramar esses pensamentos negativos em positivos. A primeira etapa é identificar conscientemente os padrões de pensamento negativos que estão nos limitando. Isso pode envolver manter um diário de pensamentos ou fazer uma autoanálise regular.

Uma vez que tenhamos identificado esses padrões, podemos começar a substituí-los por pensamentos positivos e construtivos. Por exemplo, se você tem o hábito de pensar **"Eu não sou bom o suficiente",** você pode substituir esse pensamento por **"Eu sou capaz e merecedor de sucesso".**

Além disso, é importante cercar-se de influências positivas. Isso inclui ler livros inspiradores, assistir a palestras motivacionais ou buscar orientação de pessoas bem-sucedidas em sua área de interesse. Ao imergir-se nessas influências positivas, você estará alimentando sua mente com novas perspectivas e crenças fortalecedoras.

Em resumo, entender como a mente funciona, treiná-la para trabalhar a seu favor e reprogramar pensamentos negativos em positivos são passos fundamentais para alcançar uma vida plena de sucesso, felicidade e prosperidade.

Ao adotar essas práticas e técnicas, você estará capacitando-se para criar a realidade que deseja e superar quaisquer limitações mentais que possam estar te segurando. Lembre-se, o poder está em suas mãos - é hora de resetar sua mentalidade e assumir o controle da sua vida!

Capítulo 2:

Superando Limitações Mentais

2.1 Identificando crenças limitantes

Identificar e reconhecer as crenças limitantes é o primeiro passo para superá-las e alcançar todo o seu potencial. Muitas vezes, essas crenças estão profundamente enraizadas em nossa mente subconsciente e podem nos impedir de tomar ações positivas em direção aos nossos objetivos.

Uma maneira eficaz de identificar essas crenças é prestar atenção aos seus pensamentos e padrões de comportamento. Observe quando você se pega pensando de forma negativa ou autossabotadora. Pergunte-se quais são as histórias que você conta a si mesmo sobre suas habilidades, capacidades e possibilidades.

Por exemplo, se você constantemente se diz que não é bom o suficiente para alcançar um determinado objetivo, essa é uma crença limitante que precisa ser desafiada. Outro exemplo comum é acreditar que o sucesso só é possível para os outros, mas não para você. Essa crença também precisa ser questionada.

Além disso, observe como suas crenças limitantes afetam suas ações e decisões diárias. Por exemplo, se você tem medo de falhar, pode evitar assumir riscos ou buscar novas oportunidades. Se você acredita que não merece sucesso ou felicidade, pode sabotar inconscientemente suas próprias conquistas.

Uma técnica útil para identificar essas crenças é escrever em um diário todas as vezes em que você perceber pensamentos negativos ou autossabotadores. Anote também os eventos ou situações específicas em que esses pensamentos surgiram. Isso ajudará você a identificar padrões e crenças subjacentes.

Outra abordagem eficaz é buscar feedback de pessoas próximas a você. Peça a amigos, familiares ou colegas de confiança que compartilhem suas percepções sobre suas crenças limitantes. Eles podem ter uma visão mais objetiva e ajudá-lo a identificar padrões que talvez você não esteja percebendo.

Lembre-se de que identificar crenças limitantes pode ser um processo desafiador e emocionalmente difícil. Esteja aberto para enfrentar essas crenças de frente e estar disposto a questionar sua validade. Ao fazer isso, você estará dando o primeiro passo em direção à superação dessas
limitações mentais.

2.2 Técnicas eficazes para eliminar crenças limitantes

Uma vez que você tenha identificado suas crenças limitantes, é hora de começar a eliminá-las e substituí-las por pensamentos positivos e capacitadores. Existem várias técnicas eficazes que podem ajudá-lo nesse processo.

Uma técnica amplamente utilizada é chamada de reestruturação cognitiva. Essa técnica envolve questionar ativamente as crenças limitantes e substituí-las por pensamentos mais realistas e positivos. Por exemplo, se você tem uma crença limitante de que nunca será bom o suficiente para alcançar sucesso financeiro, pode desafiar essa crença perguntando-se:
"Quais são as evidências reais de que eu não posso ter sucesso financeiro?". Em seguida, procure por exemplos concretos em sua vida ou na vida de outras pessoas que contradigam essa crença.

Outra técnica eficaz é a visualização criativa. Essa técnica envolve imaginar-se alcançando seus objetivos e vivendo a vida que deseja, enquanto substitui as crenças limitantes por pensamentos positivos e capacitadores.

Por exemplo, se você tem uma crença limitante de que nunca encontrará um parceiro amoroso, pode visualizar-se em um relacionamento saudável e feliz, sentindo-se amado e valorizado. Ao fazer isso regularmente, você está reprogramando sua mente para acreditar que essa realidade é possível.

Além disso, o uso de afirmações positivas também pode ser útil na eliminação de crenças limitantes. Afirmações são declarações positivas sobre si mesmo ou sobre suas capacidades que você repete regularmente para reforçar uma nova mentalidade.

Por exemplo, se você tem uma crença limitante de que não é inteligente o suficiente para ter sucesso acadêmico, pode repetir afirmações como "Eu sou inteligente e capaz de aprender qualquer coisa que eu me proponha a estudar". Ao repetir essas afirmações diariamente, você está reprogramando sua mente para acreditar em seu potencial ilimitado.

2.3 Alcançando todo o seu potencial

Uma vez que você tenha identificado e eliminado suas crenças limitantes, é hora de começar a trabalhar em direção ao alcance do seu potencial máximo. Isso envolve desenvolver habilidades específicas e adotar uma mentalidade de crescimento contínuo.Uma maneira eficaz de alcançar todo o seu potencial é estabelecer metas claras e específicas. Defina objetivos que sejam desafiadores, mas alcançáveis, e crie um plano de ação para alcançá-los. Ao ter metas claras em mente, você estará mais motivado e focado em tomar as medidas necessárias para alcançar o sucesso. Além disso, é importante buscar constantemente o desenvolvimento pessoal e profissional.

Isso pode envolver a leitura de livros relevantes, participação em cursos ou workshops, ou buscar mentores que possam orientá-lo em sua jornada. Esteja sempre aberto para aprender coisas novas e expandir seus conhecimentos e habilidades. Outro aspecto crucial para alcançar todo o seu potencial é cultivar uma mentalidade de resiliência e perseverança. Entenda que o caminho para o sucesso nem sempre será fácil e haverá obstáculos ao longo do caminho. No entanto, é importante não desistir diante das dificuldades e continuar avançando mesmo quando as coisas ficarem difíceis.Além disso, cercar-se de pessoas positivas e inspiradoras também pode ser fundamental para alcançar todo o seu potencial.

Procure por indivíduos que compartilhem seus valores e objetivos, e que possam apoiá-lo em sua jornada. Ter uma rede de apoio forte pode fornecer motivação adicional e ajudá-lo a superar os desafios ao longo do caminho.Por fim, lembre-se de celebrar suas conquistas ao longo do caminho. Reconheça seu progresso e recompense-se por suas realizações. Isso ajudará a manter sua motivação alta e incentivará você a continuar buscando seu potencial máximo. Em conclusão, identificar crenças limitantes, eliminar essas crenças e alcançar todo o seu potencial são etapas fundamentais para transformar sua vida através do poder da mente. Ao se tornar consciente de suas crenças limitantes e adotar técnicas eficazes para eliminá-las, você estará abrindo caminho para uma nova realidade cheia de sucesso, felicidade e prosperidade. Lembre-se de que a jornada pode ser desafiadora, mas com perseverança e determinação, você pode alcançar todo o seu potencial e criar a vida dos seus sonhos. O poder está em suas mãos!

Capítulo 3:

Estratégias para Construir Riqueza e Sucesso

3.1 Princípios fundamentais da criação de riqueza

A criação de riqueza é um objetivo comum para muitas pessoas, mas nem todos sabem por onde começar ou quais são os princípios fundamentais para alcançá-la. Nesta seção, exploraremos alguns dos princípios mais importantes que podem ajudar a construir riqueza e sucesso.

Um dos princípios fundamentais da criação de riqueza é o desenvolvimento de uma mentalidade positiva e orientada para o sucesso. A maneira como pensamos e nos percebemos tem um impacto significativo em nossas ações e resultados. Se acreditarmos que somos capazes de alcançar a riqueza e o sucesso, estaremos mais propensos a tomar as medidas necessárias para alcançá-los.

Além disso, é importante ter clareza sobre seus objetivos financeiros e criar um plano estratégico para alcançá-los. Isso envolve definir metas específicas, estabelecer prazos realistas e identificar as etapas necessárias para atingir esses objetivos. Ter um plano claro pode ajudar a manter o foco e a motivação ao longo do caminho.

Outro princípio fundamental é investir em si mesmo através do aprendizado contínuo e do desenvolvimento pessoal. A educação financeira é essencial para construir riqueza, pois nos permite tomar decisões

informadas sobre como investir nosso dinheiro e gerenciar nossas finanças de forma eficiente. Além disso, investir em habilidades pessoais e profissionais pode abrir portas para oportunidades de carreira e aumentar nossa capacidade de ganhar dinheiro.

Além disso, é importante adotar uma abordagem de longo prazo ao construir riqueza. Muitas vezes, as pessoas estão em busca de soluções rápidas e resultados imediatos, mas a verdadeira criação de riqueza requer tempo e paciência. É necessário ter uma visão de longo prazo e estar disposto a fazer sacrifícios no curto prazo para colher os benefícios no futuro.

Por fim, é fundamental ter uma mentalidade empreendedora ao buscar a criação de riqueza. Isso envolve assumir riscos calculados, buscar oportunidades de negócios e estar disposto a sair da zona de conforto. Os empreendedores bem-sucedidos muitas vezes enfrentam desafios e fracassos ao longo do caminho, mas são capazes de aprender com essas experiências e se adaptar às mudanças do mercado.

3.2 Investimentos inteligentes para construir riqueza

Investir é uma das principais estratégias para construir riqueza ao longo do tempo. No entanto, nem todos os investimentos são iguais e é importante tomar decisões inteligentes para maximizar o retorno sobre o investimento. Nesta seção, exploraremos algumas estratégias-chave para investir com sabedoria.

Uma das primeiras coisas a considerar ao investir é diversificar sua carteira. Isso significa distribuir seus investimentos em diferentes classes de ativos, como ações, títulos e imóveis. Diversificar reduz o risco geral da carteira, pois um mau desempenho em um setor pode ser compensado por um bom desempenho em outro.

Além disso, é importante fazer uma pesquisa cuidadosa antes de investir em qualquer ativo. Isso envolve analisar o desempenho passado, as perspectivas futuras e os riscos associados a um determinado investimento. É essencial entender os fundamentos do negócio ou setor em que você está investindo e estar ciente dos fatores que podem afetar seu desempenho.

Outra estratégia importante é manter um horizonte de investimento de longo prazo. O mercado financeiro pode ser volátil no curto prazo, mas
historicamente tem mostrado um crescimento constante ao longo do tempo. Ao manter seus investimentos por um período mais longo, você pode aproveitar os benefícios do crescimento composto e minimizar o impacto das flutuações de curto prazo.

Além disso, é fundamental ter uma abordagem disciplinada ao investir. Isso significa definir metas claras, estabelecer limites de perda e aderir a uma estratégia de investimento consistente. Evite tomar decisões emocionais com base em flutuações diárias do mercado e mantenha-se fiel à sua estratégia a longo prazo.

Por fim, é importante revisar regularmente sua carteira de investimentos e fazer ajustes conforme necessário. O ambiente econômico e as condições do mercado estão sempre mudando, portanto, é essencial monitorar seus

investimentos para garantir que eles estejam alinhados com seus objetivos financeiros.

3.3 Planejamento financeiro eficiente

O planejamento financeiro eficiente é essencial para construir riqueza e alcançar a independência financeira. Nesta seção, exploraremos algumas estratégias-chave para criar um plano financeiro sólido.

Uma das primeiras etapas do planejamento financeiro eficiente é estabelecer um orçamento. Isso envolve identificar suas receitas e despesas mensais e criar um plano para gastar seu dinheiro de forma consciente. Um orçamento permite que você acompanhe seus gastos, identifique áreas onde pode economizar e defina metas realistas para economizar e investir.

Além disso, é importante ter uma reserva de emergência. Uma reserva de emergência é uma quantia de dinheiro reservada para cobrir despesas inesperadas, como reparos domésticos ou despesas médicas. Ter uma reserva de emergência adequada pode ajudar a evitar dívidas

desnecessárias e fornecer tranquilidade financeira em caso de imprevistos.

Outra estratégia importante é reduzir as dívidas e evitar o endividamento excessivo. O endividamento excessivo pode dificultar a construção de riqueza, pois os juros acumulados podem consumir uma parte significativa da renda disponível. É importante pagar as dívidas existentes o mais rápido possível e evitar contrair novas dívidas desnecessárias.

Além disso, é fundamental investir em sua educação financeira. Aprender sobre finanças pessoais, investimentos e planejamento financeiro pode ajudá-lo a tomar decisões informadas sobre como gerenciar seu dinheiro com eficiência. Existem muitos recursos disponíveis, como livros, cursos online e consultores financeiros, que podem ajudá-lo a expandir seu conhecimento nessa área.

Por fim, é importante revisar regularmente seu plano financeiro e fazer ajustes conforme necessário. As circunstâncias pessoais e econômicas estão sempre mudando, portanto, é essencial adaptar seu plano financeiro para refletir essas mudanças. Isso pode envolver reavaliar suas metas financeiras, ajustar sua alocação de ativos ou fazer alterações em seu orçamento.

Em conclusão, os princípios fundamentais da criação de riqueza envolvem desenvolver uma mentalidade positiva, definir metas claras, investir em si mesmo e adotar uma abordagem de longo prazo. Investir inteligentemente requer diversificação da carteira, pesquisa cuidadosa,

disciplina e revisão regular. O planejamento financeiro eficiente envolve estabelecer um orçamento, criar uma reserva de emergência, reduzir dívidas e investir em educação financeira. Ao seguir essas estratégias- chave, você estará no caminho certo para construir riqueza e alcançar o sucesso financeiro duradouro.

Capítulo 4:

Desenvolvimento Pessoal Contínuo

4.1 A importância do desenvolvimento pessoal

O desenvolvimento pessoal é um processo contínuo de crescimento e aprimoramento que nos permite alcançar todo o nosso potencial. É uma

jornada de autodescoberta, autoconhecimento e autotransformação que nos leva a uma vida mais significativa e gratificante.

Uma das principais razões pelas quais o desenvolvimento pessoal é tão importante é porque ele nos ajuda a superar as limitações impostas pela nossa própria mente. Muitas vezes, somos nossos piores inimigos, com pensamentos negativos e crenças limitantes que nos impedem de alcançar nossos objetivos. O desenvolvimento pessoal nos ensina a reprogramar esses padrões de pensamento negativos em positivos, permitindo-nos criar uma mentalidade de sucesso.

Além disso, o desenvolvimento pessoal também nos ajuda a construir relacionamentos mais saudáveis e significativos. Quando estamos em constante crescimento e evolução, somos capazes de entender melhor nós mesmos e os outros. Isso nos permite estabelecer conexões mais profundas e autênticas com as pessoas ao nosso redor.

Outra razão pela qual o desenvolvimento pessoal é tão importante é porque ele nos capacita a assumir o controle de nossas vidas. Em vez de sermos vítimas das circunstâncias ou do destino, podemos tomar decisões conscientes e intencionais que nos levam na direção dos nossos sonhos e objetivos.

Um exemplo inspirador disso é a história de Steve Jobs, co-fundador da Apple. Ele enfrentou muitos desafios ao longo de sua vida, mas nunca deixou que esses obstáculos o impedissem de alcançar o sucesso. Jobs acreditava no poder do desenvolvimento pessoal e sempre buscava aprender e crescer. Essa mentalidade o levou a criar uma das empresas mais inovadoras e bem-sucedidas do mundo.

Em resumo, o desenvolvimento pessoal é fundamental para alcançar uma vida plena e satisfatória. Ele nos ajuda a superar nossas limitações mentais, construir relacionamentos significativos e assumir o controle de nossas vidas. Ao investir em nosso próprio crescimento e aprendizado contínuo, podemos criar uma realidade cheia de sucesso, felicidade e prosperidade.

4.2 Ferramentas e técnicas para o desenvolvimento pessoal contínuo

Existem várias ferramentas e técnicas que podem ser utilizadas para

promover o desenvolvimento pessoal contínuo. Essas ferramentas são

projetadas para ajudar as pessoas a se autoconhecerem melhor, identificar áreas de melhoria e implementar mudanças positivas em suas vidas.

Uma das ferramentas mais eficazes para o desenvolvimento pessoal é a prática da reflexão. Através da reflexão, somos capazes de analisar nossos pensamentos, emoções e comportamentos com um olhar crítico. Isso nos permite identificar padrões negativos ou limitantes que podem estar nos

impedindo de alcançar nosso potencial máximo.

Outra técnica útil é a definição de metas claras e específicas. Ao estabelecer metas tangíveis, podemos direcionar nossa energia e esforços para alcançar resultados concretos. É importante que essas metas sejam realistas e alcançáveis, mas também desafiadoras o suficiente para nos motivar a crescer e evoluir.

Além disso, a prática da meditação e do mindfulness tem sido amplamente reconhecida como uma ferramenta eficaz para o desenvolvimento pessoal. Essas técnicas nos ajudam a cultivar a consciência plena do momento presente, reduzir o estresse e aumentar nossa capacidade de concentração e foco. Através da meditação e do mindfulness, podemos desenvolver uma maior clareza mental e emocional, permitindo-nos tomar decisões mais conscientes e alinhadas com nossos valores.

Um exemplo inspirador de uma técnica de desenvolvimento pessoal é a visualização criativa. Essa técnica envolve imaginar vividamente um resultado desejado em nossa mente antes de realmente acontecer. Ao visualizar nossos objetivos com clareza e emoção, estamos programando nossa mente subconsciente para trabalhar em direção à sua realização.

Muitos atletas de alto desempenho utilizam essa técnica para melhorar seu desempenho esportivo.

Em suma, existem várias ferramentas e técnicas disponíveis para promover o desenvolvimento pessoal contínuo. Através da reflexão, definição de metas claras, prática da meditação e do mindfulness, bem como outras técnicas como visualização criativa, podemos criar mudanças positivas em nossas vidas e alcançar todo o nosso potencial.

4.3 Alcançando sucesso em todas as áreas da vida

Alcançar sucesso em todas as áreas da vida é um objetivo comum para muitas pessoas. No entanto, nem sempre é fácil equilibrar todas as áreas de nossas vidas e alcançar sucesso em cada uma delas. Felizmente, existem estratégias comprovadas que podem nos ajudar a alcançar sucesso em todas as áreas da vida.

Uma das estratégias mais importantes é estabelecer prioridades claras. É essencial identificar quais são as áreas mais importantes para nós e dedicar tempo e energia adequados a cada uma delas. Por exemplo, se valorizamos nossa saúde e bem-estar, devemos reservar tempo para exercícios físicos regulares e alimentação saudável.

Outra estratégia fundamental é o planejamento eficiente. Ao criar um plano detalhado para cada área de nossa vida, podemos garantir que estamos tomando medidas concretas em direção aos nossos objetivos. O planejamento nos ajuda a definir metas específicas, identificar os recursos necessários e estabelecer prazos realistas.

Além disso, é importante cultivar relacionamentos saudáveis e significativos em todas as áreas de nossa vida. Isso inclui relacionamentos pessoais, profissionais e familiares. Relacionamentos positivos nos fornecem apoio emocional, motivação e oportunidades de crescimento.

Um exemplo inspirador de alguém que alcançou sucesso em várias áreas da vida é Oprah Winfrey. Ela é conhecida por sua carreira bem-sucedida na televisão, mas também tem sido uma defensora ativa dos direitos humanos e filantropia. Winfrey demonstra como é possível ter sucesso tanto profissionalmente quanto pessoalmente.

Em resumo, alcançar sucesso em todas as áreas da vida requer um equilíbrio cuidadoso e estratégias eficazes. Ao estabelecer prioridades claras, planejar eficientemente e cultivar relacionamentos saudáveis, podemos criar uma vida plena e satisfatória. É importante lembrar que o sucesso não é apenas medido por realizações profissionais, mas também pelo nosso bem-estar emocional, saúde física e relacionamentos significativos.

Capítulo 5:

Histórias Inspiradoras de Superação Mental

5.1 Exemplos reais de pessoas que superaram suas limitações mentais

Neste capítulo, o livro "Reset mental, tome o controle da sua vida, vença as limitações da sua mente e construa riqueza" apresenta exemplos
inspiradores de pessoas reais que conseguiram superar suas próprias limitações mentais e alcançaram grandes conquistas. Essas histórias servem como prova de que é possível transformar a mente e alcançar objetivos ambiciosos.

Uma dessas histórias é a de Maria, uma mulher que sempre teve baixa autoestima e se sentia incapaz de realizar seus sonhos. Ela tinha medo do fracasso e isso a impedia de tentar coisas novas. No entanto, após ler livros sobre desenvolvimento pessoal e participar de workshops motivacionais, Maria decidiu enfrentar seus medos e começou a trabalhar em si mesma.

Ela começou a praticar afirmações positivas todos os dias, repetindo frases como "Eu sou capaz" e "Eu mereço o sucesso". Além disso, ela procurou ajuda profissional para lidar com suas crenças limitantes e aprender técnicas para controlar sua mente. Com o tempo, Maria percebeu que estava se tornando mais confiante e determinada.

Com essa nova mentalidade, Maria decidiu abrir seu próprio negócio.

Mesmo enfrentando desafios ao longo do caminho, ela não desistiu. Com persistência e foco, ela conseguiu superar suas limitações mentais e transformou seu negócio em um sucesso.

Outro exemplo inspirador é o de João, um atleta que sofreu um acidente grave que o deixou paralisado da cintura para baixo. No início, João ficou desanimado e acreditava que sua vida tinha acabado. No entanto, ele decidiu não se deixar abater pela situação e começou a trabalhar em sua mentalidade.

João buscou apoio de profissionais de saúde mental e participou de grupos de apoio para pessoas com deficiência. Ele também começou a praticar meditação e visualização, imaginando-se superando obstáculos e alcançando seus objetivos. Com o tempo, João percebeu que sua deficiência física não o definia e que ele ainda podia alcançar grandes feitos.

Ele decidiu se tornar um atleta paraolímpico e começou a treinar intensamente. Apesar das dificuldades, João nunca desistiu e continuou se esforçando para melhorar suas habilidades. Eventualmente, ele competiu em várias competições internacionais e ganhou medalhas.

Esses exemplos reais mostram que superar limitações mentais é possível para qualquer pessoa. Não importa quais sejam as circunstâncias ou os obstáculos enfrentados, é possível transformar a mente e alcançar grandes conquistas.

5.2 Motivação adicional para alcançar objetivos ambiciosos

Além dos exemplos inspiradores mencionados anteriormente, o livro "Reset mental, tome o controle da sua vida, vença as limitações da sua mente e construa riqueza" oferece motivação adicional para os leitores alcançarem seus objetivos mais ambiciosos.

Uma das formas de obter essa motivação é através do estabelecimento de metas claras e específicas. Quando temos objetivos bem definidos, fica mais fácil visualizar o que queremos alcançar e nos manter motivados ao
longo do caminho. O livro oferece técnicas para estabelecer metas eficazes e acompanhar o progresso.

Outra forma de obter motivação adicional é através da criação de um ambiente positivo e encorajador. O livro sugere que os leitores se cerquem de pessoas que acreditam em seus sonhos e os apoiam em sua jornada.

Ter uma rede de apoio pode ser fundamental para superar momentos difíceis e manter-se motivado.

Além disso, o livro também destaca a importância de celebrar as pequenas vitórias ao longo do caminho. Às vezes, alcançar objetivos ambiciosos pode levar tempo e exigir muito esforço. No entanto, reconhecer e comemorar cada conquista, por menor que seja, ajuda a manter a motivação alta.

Por fim, o livro incentiva os leitores a se lembrarem constantemente do motivo pelo qual desejam alcançar seus objetivos. Ter um propósito claro e significativo pode ser uma fonte poderosa de motivação. Quando sabemos por que estamos trabalhando duro e nos esforçando para superar nossas

limitações mentais, fica mais fácil encontrar a motivação necessária para continuar avançando.

5.3 Aprendendo com experiências bem-sucedidas

O livro "Reset mental, tome o controle da sua vida, vença as limitações da sua mente e construa riqueza" enfatiza a importância de aprender com experiências bem-sucedidas para alcançar o sucesso duradouro.

Uma das maneiras de aprender com experiências bem-sucedidas é analisar o que funcionou e replicar essas estratégias em outras áreas da vida. Por exemplo, se uma pessoa conseguiu superar suas limitações mentais através da prática diária de afirmações positivas, outros leitores podem tentar implementar essa técnica em sua própria jornada de transformação mental.

Além disso, o livro incentiva os leitores a buscar mentores e modelos inspiradores que já alcançaram sucesso em suas áreas de interesse. Ao

estudar as estratégias e os hábitos dessas pessoas, é possível aprender com suas experiências e aplicar esses conhecimentos em nossa própria vida.

Outra forma de aprender com experiências bem-sucedidas é através da reflexão pessoal. O livro sugere que os leitores reservem um tempo para refletir sobre suas próprias conquistas e identificar quais foram os fatores- chave que contribuíram para seu sucesso. Essa autoanálise pode fornecer insights valiosos sobre nossas próprias habilidades e pontos fortes.

Por fim, o livro destaca a importância do aprendizado contínuo. Mesmo após alcançarmos nossos objetivos, é fundamental continuar buscando conhecimento e desenvolvimento pessoal. Através da leitura, cursos ou participação em eventos relacionados ao nosso campo de interesse, podemos nos manter atualizados e continuar aprendendo com as experiências bem-sucedidas dos outros.

Em resumo, aprender com exemplos reais de pessoas que superaram suas limitações mentais, encontrar motivação adicional para alcançar objetivos ambiciosos e aprender com experiências bem-sucedidas são elementos-chave abordados no livro "Reset mental, tome o controle da sua vida, vença as limitações da sua mente e construa riqueza". Ao explorar essas áreas de forma mais aprofundada, os leitores podem obter insights valiosos e aplicá-los em suas próprias vidas para alcançar sucesso, felicidade e prosperidade duradouros.

Capítulo 6:

Autocuidado e Equilíbrio entre Corpo e Mente

6.1 Importância do autocuidado na busca pela prosperidade

O autocuidado é um aspecto fundamental para alcançar a prosperidade em todas as áreas da vida. Muitas vezes, nos concentramos tanto em nossas metas e objetivos que negligenciamos nossa própria saúde física e mental. No entanto, é importante lembrar que somos seres holísticos, compostos por corpo, mente e espírito, e todos esses aspectos devem estar equilibrados para alcançarmos o sucesso verdadeiro.

Quando cuidamos de nós mesmos, estamos investindo em nosso bem- estar geral. Isso inclui cuidar da nossa saúde física através de uma alimentação saudável, exercícios regulares e descanso adequado. Além disso, também envolve cuidar da nossa saúde mental, buscando momentos de relaxamento e prazer, estabelecendo limites saudáveis e praticando a autocompaixão.

Um exemplo prático de autocuidado é reservar um tempo diário para si mesmo. Pode ser apenas alguns minutos pela manhã para meditar ou praticar exercícios de respiração profunda. Essa prática ajuda a acalmar a mente agitada e reduzir o estresse acumulado ao longo do dia.

Outra forma de autocuidado é garantir que estejamos nutrindo nosso corpo com alimentos saudáveis e nutritivos. Uma dieta equilibrada rica em frutas, legumes, proteínas magras e grãos integrais fornece os nutrientes necessários para manter nosso corpo funcionando de forma otimizada.

Além disso, beber bastante água e evitar o consumo excessivo de álcool e cafeína também são importantes para manter a saúde física.

Além disso, é essencial reservar tempo para atividades que nos tragam alegria e prazer. Isso pode incluir hobbies, passatempos ou simplesmente passar tempo com entes queridos. Essas atividades ajudam a aliviar o estresse e nos permitem recarregar as energias, tornando-nos mais produtivos e focados em nossas metas.

Ao praticar o autocuidado regularmente, estamos fortalecendo nossa capacidade de enfrentar os desafios da vida com resiliência e determinação. Estamos investindo em nós mesmos, reconhecendo que somos merecedores de amor, cuidado e sucesso. Portanto, não subestime a importância do autocuidado na busca pela prosperidade - é um componente essencial para alcançarmos uma vida plena e satisfatória.

6.2 Técnicas de relaxamento para reduzir o estresse

O estresse é uma parte inevitável da vida moderna. No entanto, quando não gerenciado adequadamente, pode ter um impacto negativo significativo em nossa saúde física e mental. É por isso que é crucial aprender técnicas eficazes de relaxamento para reduzir o estresse e promover um equilíbrio saudável entre corpo e mente.

Uma das técnicas mais populares para reduzir o estresse é a prática da respiração profunda ou abdominal. Quando estamos estressados ou ansiosos, nossa respiração tende a ficar superficial e rápida. Ao fazer uma pausa consciente e respirar profundamente, estamos ativando o sistema nervoso parassimpático, que é responsável por relaxar o corpo e reduzir os níveis de estresse.

Outra técnica eficaz é a prática de exercícios físicos regulares. A atividade física libera endorfinas, conhecidas como "hormônios da felicidade", que ajudam a reduzir o estresse e melhorar o humor. Além disso, o exercício também ajuda a liberar a tensão acumulada no corpo, promovendo uma sensação de relaxamento profundo.

Além disso, técnicas como meditação e ioga também são altamente recomendadas para reduzir o estresse. A meditação envolve focar a mente em um objeto ou pensamento específico, permitindo que os pensamentos ansiosos se dissipem. Já a ioga combina movimentos suaves com técnicas de respiração para promover relaxamento e equilíbrio mental.

Outra técnica interessante é a aromaterapia. Certos óleos essenciais, como lavanda e camomila, têm propriedades calmantes e podem ajudar a aliviar o estresse quando inalados ou aplicados topicamente. Esses óleos podem ser usados em difusores ou adicionados ao banho para criar um ambiente tranquilo e relaxante.

Por fim, não devemos subestimar o poder do autocuidado na redução do estresse. Reservar tempo para si mesmo todos os dias pode incluir atividades como ler um livro, tomar um banho quente ou simplesmente desfrutar de uma xícara de chá enquanto aprecia a tranquilidade do momento. Essas pequenas pausas ao longo do dia podem fazer uma grande diferença na nossa capacidade de lidar com o estresse e manter um equilíbrio saudável.

6.3 Meditação e mindfulness para aumentar a concentração e foco

A meditação e o mindfulness são práticas antigas que têm sido amplamente estudadas e comprovadas como eficazes para aumentar a concentração e o foco. Essas técnicas envolvem treinar a mente para se concentrar no momento presente, sem julgamento ou distrações.

A meditação é uma prática que envolve sentar-se em silêncio por um período de tempo determinado, geralmente focando na respiração ou em um objeto específico. Durante a meditação, aprendemos a observar nossos pensamentos sem nos prendermos a eles, permitindo que eles passem sem nos afetar emocionalmente. Isso ajuda a acalmar a mente agitada e cultivar uma sensação de clareza mental.

O mindfulness, por sua vez, é uma abordagem mais ampla que pode ser aplicada em todas as atividades diárias. Trata-se de estar plenamente presente no momento presente, consciente dos nossos pensamentos, emoções e sensações físicas. Ao praticarmos o mindfulness, estamos treinando nossa mente para se concentrar no que está acontecendo agora, em vez de ficarmos presos em preocupações passadas ou futuras.

Essas práticas têm sido associadas a vários benefícios cognitivos, incluindo aumento da concentração e melhora da memória. Quando
estamos presentes no momento atual, somos capazes de direcionar toda a nossa atenção para a tarefa em mãos, sem nos distrairmos com pensamentos ou preocupações irrelevantes. Isso nos permite realizar nossas atividades de forma mais eficiente e com maior qualidade.

Além disso, a meditação e o mindfulness também podem ajudar a reduzir o estresse e promover uma sensação de calma interior. Ao treinar nossa mente para se concentrar no presente, estamos diminuindo a tendência de nos preocuparmos com o passado ou o futuro, que são fontes comuns de estresse e ansiedade.

Para incorporar essas práticas em sua vida diária, você pode começar reservando alguns minutos todas as manhãs para meditar ou praticar mindfulness. À medida que se torna mais confortável com essas técnicas, você pode estender o tempo dedicado a elas ou até mesmo praticá-las ao longo do dia, sempre que sentir necessidade de se reconectar consigo mesmo.

Em resumo, a meditação e o mindfulness são ferramentas poderosas para aumentar a concentração e o foco. Ao treinar nossa mente para estar plenamente presente no momento atual, somos capazes de melhorar nossa produtividade e desempenho em todas as áreas da vida. Portanto, reserve um tempo para cultivar essas práticas em sua rotina diária e experimente os benefícios transformadores que elas podem trazer.

Capítulo 7:

Transformando sua Vida através do Poder da Mente

7.1 Ferramentas necessárias para criar uma nova realidade

Para criar uma nova realidade em sua vida, é fundamental ter as ferramentas certas à disposição. Neste capítulo, exploraremos algumas das principais ferramentas que podem ajudá-lo a transformar sua mente e alcançar seus objetivos mais ambiciosos.

Uma das primeiras ferramentas importantes é a prática da visualização criativa. A visualização criativa envolve imaginar vividamente o resultado desejado e sentir as emoções associadas a ele. Ao visualizar com clareza o que você deseja alcançar, você está programando sua mente para trabalhar em direção a esse objetivo. Por exemplo, se seu objetivo é iniciar seu próprio negócio bem-sucedido, você pode visualizar-se gerenciando uma empresa próspera e sentindo a satisfação de ser um empreendedor de sucesso.

Outra ferramenta poderosa é a afirmação positiva. As afirmações são declarações curtas e afirmativas que descrevem o resultado desejado como se já fosse verdadeiro. Por exemplo, se você deseja melhorar sua autoconfiança, pode repetir diariamente afirmações como "Eu sou confiante e capaz" ou "Eu mereço sucesso". Essas afirmações ajudam a reprogramar sua mente para acreditar nas qualidades positivas que você deseja desenvolver.

Além disso, o uso de técnicas de respiração consciente pode ser extremamente útil para acalmar a mente e aumentar o foco. A respiração consciente envolve prestar atenção à sua respiração enquanto inspira profundamente pelo nariz e expira lentamente pela boca. Essa prática simples pode ajudar a reduzir o estresse, aumentar a clareza mental e melhorar sua capacidade de concentração.

Outra ferramenta importante é a prática da gratidão. A gratidão envolve reconhecer e apreciar as coisas boas em sua vida, mesmo as pequenas. Ao cultivar uma atitude de gratidão, você treina sua mente para se concentrar no positivo e atrair mais coisas boas para sua vida. Você pode começar mantendo um diário de gratidão, onde anota diariamente três coisas pelas quais é grato. Isso ajudará a mudar seu foco para o que está indo bem em vez do que está faltando.

7.2 Sucesso, felicidade e prosperidade como resultado da transformação mental

A transformação mental pode levar ao sucesso, felicidade e prosperidade em todas as áreas da vida. Quando você muda sua mentalidade e começa a acreditar em si mesmo e em suas habilidades, abre caminho para alcançar seus objetivos mais ambiciosos.

Uma das chaves para o sucesso é definir metas claras e específicas. Ao estabelecer metas claras, você dá direção à sua mente subconsciente e ela trabalha incansavelmente para ajudá-lo a alcançá-las. Certifique-se de que suas metas sejam realistas, mensuráveis e tenham um prazo definido. Por exemplo, se seu objetivo é perder peso, defina uma meta específica de quantos quilos deseja perder em um determinado período de tempo.

Além disso, é importante desenvolver uma mentalidade de crescimento. Uma mentalidade de crescimento envolve acreditar que suas habilidades e inteligência podem ser desenvolvidas por meio do esforço e da prática. Ao
adotar essa mentalidade, você se torna mais resiliente diante dos desafios e está disposto a aprender com os erros. Isso o coloca em uma posição melhor para alcançar o sucesso em qualquer área da vida.

Outro aspecto importante é a importância de assumir responsabilidade por sua própria vida. Quando você assume a responsabilidade por suas escolhas e ações, está no controle de seu destino. Em vez de culpar os outros ou as circunstâncias externas, concentre-se em encontrar soluções e tomar medidas para alcançar seus objetivos.

7.3 Alcançando independência financeira, relacionamentos saudáveis e propósito de vida

A transformação mental também pode ajudá-lo a alcançar independência financeira, relacionamentos saudáveis e um senso de propósito na vida.

Para alcançar independência financeira, é fundamental desenvolver uma mentalidade de abundância. Isso envolve acreditar que há recursos suficientes disponíveis para todos e que você tem o poder de criar riqueza em sua vida. Além disso, é importante aprender sobre investimentos

inteligentes e planejamento financeiro eficiente. Ao adquirir conhecimento nessa área, você estará melhor equipado para tomar decisões financeiras informadas e construir riqueza ao longo do tempo.

Quanto aos relacionamentos saudáveis, é essencial cultivar uma comunicação aberta e honesta com os outros. Isso envolve expressar suas necessidades e ouvir ativamente as necessidades dos outros. Além disso, é importante estabelecer limites saudáveis e respeitar os limites dos outros.
Ao desenvolver relacionamentos saudáveis, você cria uma base sólida para o crescimento pessoal e a felicidade duradoura.

Por fim, encontrar um propósito de vida é fundamental para uma vida significativa e satisfatória. Isso envolve descobrir seus valores, paixões e talentos únicos e usá-los para fazer a diferença no mundo. Ao alinhar suas ações com seu propósito de vida, você encontrará um senso profundo de realização e satisfação.

Em conclusão, as ferramentas necessárias para criar uma nova realidade estão ao seu alcance. A transformação mental pode levar ao sucesso, felicidade e prosperidade em todas as áreas da vida. Ao adotar técnicas como visualização criativa, afirmações positivas e práticas de gratidão, você pode reprogramar sua mente para trabalhar a seu favor. Além disso, ao definir metas claras, desenvolver uma mentalidade de crescimento e assumir responsabilidade por sua própria vida, você está no caminho certo para alcançar seus objetivos mais ambiciosos. Não importa se você deseja alcançar independência financeira, relacionamentos saudáveis ou encontrar um propósito maior na vida - a transformação mental é o primeiro passo em direção ao sucesso duradouro. Então não espere mais! Pegue uma cópia do livro "Reset mental, tome o controle da sua vida, vença as limitações da sua mente e construa riqueza" hoje mesmo e comece sua jornada de transformação! O poder está em suas mãos!

Capítulo 8:

Resetando sua Mentalidade para Assumir o Controle da Vida

8.1 O poder de resetar a mentalidade

Resetar a mentalidade é um poderoso processo que nos permite desfazer padrões de pensamento negativos e limitantes, abrindo espaço para uma nova forma de pensar e agir. É como reiniciar um computador que está travado, permitindo que ele funcione de maneira mais eficiente e eficaz.

Ao resetar nossa mentalidade, somos capazes de superar as crenças autolimitantes que nos impedem de alcançar nosso verdadeiro potencial. Muitas vezes, essas crenças são formadas ao longo dos anos por experiências passadas, influências externas ou até mesmo pela sociedade em geral.

Uma das técnicas mais eficazes para resetar a mentalidade é reprogramar nossos pensamentos negativos em positivos. Isso envolve
identificar os padrões de pensamento negativos que temos e substituí-los por pensamentos positivos e capacitadores. Por exemplo, se tendemos a pensar "não sou bom o suficiente" ou "nunca vou conseguir", podemos começar a repetir afirmações

positivas como "sou capaz de alcançar qualquer coisa que eu desejar" ou "tenho todas as habilidades necessárias para ter sucesso".

Outra estratégia importante é eliminar as crenças limitantes que temos sobre nós mesmos e sobre o mundo ao nosso redor. Muitas vezes, essas crenças são baseadas em medo, insegurança ou falta de confiança. Ao questionarmos essas crenças e substituí-las por novas perspectivas mais

positivas e realistas, somos capazes de abrir caminho para o crescimento pessoal e profissional.

Um exemplo inspirador de resetar a mentalidade é o caso de Oprah

Winfrey. Ela cresceu em uma família pobre e enfrentou muitos desafios ao longo da vida. No entanto, ela conseguiu superar suas próprias limitações mentais e se tornou uma das mulheres mais bem-sucedidas do mundo. Ao reprogramar sua mentalidade e acreditar em si mesma, Oprah foi capaz de construir um império multimilionário e se tornar uma influência positiva para milhões de pessoas ao redor do mundo.

8.2 Passos práticos para assumir o controle da vida

Assumir o controle da vida é um processo que requer comprometimento, determinação e ação consistente. Não basta apenas desejar mudança, é preciso tomar medidas concretas para alcançá-la. Aqui estão alguns passos práticos que podem ajudar nesse processo:

1. Defina seus objetivos: Antes de assumir o controle da sua vida, é importante ter clareza sobre o que você deseja alcançar. Defina metas específicas e mensuráveis que sejam alinhadas com seus valores e aspirações pessoais.

2. Crie um plano de ação: Uma vez que você definiu seus objetivos, crie um plano detalhado com etapas específicas para alcançá-los. Divida suas metas em tarefas menores e estabeleça prazos realistas para cada uma delas.

3. Desenvolva habilidades relevantes: Identifique as habilidades necessárias para alcançar seus objetivos e busque maneiras de desenvolvê-las. Isso pode envolver cursos, treinamentos ou até mesmo buscar mentores ou especialistas na área.

4. Cultive uma mentalidade de crescimento: Acredite que você é capaz de aprender e crescer ao longo da vida. Abra-se para novas experiências, desafios e oportunidades de aprendizado. Veja os obstáculos como oportunidades de crescimento e esteja disposto a sair da sua zona de conforto.

5. Tome medidas consistentes: Não basta apenas planejar, é preciso agir.

Tome medidas consistentes em direção aos seus objetivos, mesmo que sejam pequenos passos a cada dia. A consistência é fundamental para alcançar o sucesso duradouro.

Um exemplo inspirador de assumir o controle da vida é o caso de Elon Musk. Ele é conhecido por sua determinação e capacidade de transformar suas visões em realidade. Ao definir metas ambiciosas, como colonizar Marte ou revolucionar a indústria automobilística com carros elétricos, Musk tomou medidas ousadas e consistentes para alcançá-las. Sua mentalidade empreendedora e sua disposição para correr riscos o levaram a conquistar grandes sucessos em várias áreas.

8.3 Construindo uma base sólida para o sucesso duradouro

Construir uma base sólida é essencial para alcançar um sucesso duradouro em todas as áreas da vida. Isso envolve desenvolver habilidades fundamentais, estabelecer hábitos saudáveis e cultivar relacionamentos positivos.

Uma das bases mais importantes para o sucesso duradouro é o desenvolvimento pessoal contínuo. Isso envolve buscar constantemente maneiras de melhorar suas habilidades, conhecimentos e competências. Isso pode ser feito através da leitura de livros, participação em cursos ou workshops, ou até mesmo buscando mentores ou coaches que possam orientá-lo em seu crescimento pessoal e profissional.

Além disso, é importante estabelecer hábitos saudáveis que apoiem seu bem-estar físico e mental. Isso inclui cuidar da sua saúde através de uma alimentação equilibrada, exercícios regulares e sono adequado. Também envolve a prática de técnicas de relaxamento, como meditação ou mindfulness, para reduzir o estresse e aumentar sua capacidade de concentração e foco.

Outro aspecto fundamental na construção de uma base sólida é cultivar relacionamentos positivos. Isso inclui cercar-se de pessoas que compartilham seus valores e objetivos, que o apoiam em suas metas e que o incentivam a crescer. Relacionamentos saudáveis e positivos podem fornecer suporte emocional, motivação e oportunidades de colaboração.

Um exemplo inspirador de construir uma base sólida para o sucesso duradouro é o caso do empresário Richard Branson. Ele atribui grande parte do seu sucesso à importância dos relacionamentos interpessoais.

Branson valoriza a construção de conexões autênticas com as pessoas ao seu redor e busca constantemente maneiras de ajudar os outros a alcançarem seus objetivos. Essa abordagem tem sido fundamental para o crescimento contínuo dos negócios de Branson ao longo dos anos.

Em resumo, resetar a mentalidade nos permite superar crenças limitantes e abrir caminho para um novo modo de pensar e agir.

Assumir o controle da vida requer ação consistente e determinação para alcançar metas específicas. Construir uma base sólida envolve desenvolvimento pessoal contínuo, hábitos saudáveis e relacionamentos positivos. Ao seguir esses passos, podemos criar uma nova realidade cheia de sucesso, felicidade e prosperidade duradoura.

Capítulo 9:

A Importância do Foco na Jornada de Transformação

9.1 Como desenvolver foco e disciplina

Desenvolver foco e disciplina é essencial para alcançar qualquer objetivo na vida. No entanto, muitas pessoas lutam para manter o foco e se distraem facilmente, o que acaba prejudicando seu progresso. Nesta seção, exploraremos algumas estratégias eficazes para desenvolver foco e disciplina.

Uma das maneiras mais eficazes de desenvolver foco é definir metas claras e específicas. Quando você tem um objetivo claro em mente, fica mais fácil direcionar sua energia e atenção para alcançá-lo. Por exemplo, se você deseja perder peso, defina uma meta específica de quantos quilos deseja perder e em quanto tempo. Isso ajudará a manter seu foco no processo de perda de peso e evitará distrações desnecessárias.

Outra estratégia importante é criar um ambiente propício ao foco. Elimine todas as distrações do seu ambiente de trabalho ou estudo, como telefones celulares, redes sociais ou televisão. Crie um espaço tranquilo e organizado onde você possa se concentrar completamente em suas tarefas.

Além disso, é fundamental praticar a autodisciplina diariamente. Isso significa estabelecer uma rotina consistente e aderir a ela, mesmo quando não estiver com vontade. Por exemplo, se você está tentando desenvolver o hábito de exercitar-se regularmente, comprometa-se a fazer exercícios todos os dias durante um determinado período de tempo, independentemente das circunstâncias.

Outra técnica útil para desenvolver foco é a prática da meditação mindfulness. A meditação ajuda a acalmar a mente e aumentar a capacidade de concentração. Reserve alguns minutos todos os dias para meditar e observe como sua capacidade de foco melhora gradualmente.

Além disso, é importante lembrar-se de que o desenvolvimento do foco e da disciplina é um processo contínuo. Não espere resultados imediatos, pois leva tempo para treinar sua mente e mudar seus hábitos. Seja paciente consigo mesmo e esteja disposto a persistir, mesmo quando enfrentar dificuldades.

9.2 Superando distrações e obstáculos no caminho

No caminho em direção à transformação pessoal, é inevitável encontrar distrações e obstáculos que podem atrapalhar seu progresso. Nesta seção, exploraremos estratégias eficazes para superar essas distrações e obstáculos.

Uma das principais distrações que muitas pessoas enfrentam hoje em dia são as redes sociais e a tecnologia em geral. É fácil perder horas navegando nas redes sociais ou assistindo vídeos online, o que pode prejudicar seriamente seu tempo produtivo. Para superar essa distração, estabeleça limites claros para o uso da tecnologia. Defina horários específicos para verificar suas redes sociais ou assistir a vídeos online e evite usá-los durante períodos designados para trabalho ou estudo.

Outra distração comum é a falta de organização. Quando você não tem um plano claro ou uma lista de tarefas definida, é mais provável que se sinta sobrecarregado e perca o foco facilmente. Para superar essa distração, crie uma lista diária de tarefas prioritárias e defina prazos realistas para concluí-las. Isso ajudará a manter seu foco e evitará que você se sinta sobrecarregado.

Além disso, é importante identificar e superar os obstáculos que podem surgir em seu caminho. Por exemplo, o medo do fracasso ou a falta de confiança em si mesmo podem ser obstáculos significativos para alcançar seus objetivos. Para superar esses obstáculos, trabalhe na construção de sua autoconfiança e pratique a resiliência. Lembre-se de que o fracasso faz parte do processo de aprendizado e use-o como uma oportunidade para crescer e melhorar.

Outro obstáculo comum é a falta de apoio ou compreensão das pessoas ao seu redor. Nem todos compartilham sua visão ou estão dispostos a apoiá-lo em sua jornada de transformação. Nesses casos, encontre grupos de apoio ou comunidades online onde você possa se conectar com pessoas que têm objetivos semelhantes aos seus. Ter um sistema de suporte pode fazer toda a diferença quando se trata de superar obstáculos e permanecer motivado.

9.3 Mantendo-se motivado durante a jornada

Manter-se motivado ao longo da jornada de transformação pessoal pode ser um desafio, especialmente quando enfrentamos contratempos ou momentos difíceis. Nesta seção, exploraremos estratégias eficazes para manter-se motivado durante toda a jornada.

Uma das maneiras mais eficazes de manter-se motivado é visualizar seus objetivos regularmente. Crie uma imagem clara do que você deseja alcançar e visualize-se já tendo alcançado esse objetivo. Isso ajudará a manter sua motivação alta e lembrá-lo do motivo pelo qual está trabalhando tão duro.

Além disso, é importante celebrar pequenas vitórias ao longo do caminho. Às vezes, pode parecer que estamos progredindo lentamente ou que ainda temos um longo caminho a percorrer. No entanto, ao reconhecer e comemorar as pequenas conquistas, você se sentirá mais motivado e encorajado a continuar avançando.

Outra estratégia eficaz é encontrar inspiração em outras pessoas que alcançaram sucesso em áreas semelhantes às suas. Leia biografias de pessoas bem-sucedidas, assista a palestras motivacionais ou participe de eventos onde você possa se conectar com pessoas que compartilham seus interesses e objetivos. Aprender com os outros e ver exemplos reais de sucesso pode ser extremamente motivador.

Além disso, lembre-se de cuidar de si mesmo durante toda a jornada. Tire tempo para descansar, relaxar e fazer atividades que lhe tragam prazer.

Quando você está fisicamente e mentalmente saudável, é mais provável que se sinta motivado e energizado para enfrentar os desafios.

Por fim, encontre um propósito maior em sua jornada de transformação pessoal. Ter um propósito claro e significativo ajudará a manter sua motivação elevada mesmo nos momentos mais difíceis. Pergunte-se por que você está buscando essa transformação pessoal e como ela contribuirá para o seu bem-estar geral ou para o bem-estar dos outros.

Em resumo, desenvolver foco e disciplina, superar distrações e obstáculos, e manter-se motivado são elementos essenciais para uma jornada de transformação pessoal bem-sucedida. Ao implementar as estratégias mencionadas acima, você estará no caminho certo para alcançar seus objetivos e criar a vida que deseja. Lembre-se de que a

transformação pessoal é um processo contínuo e exige esforço constante, mas os resultados valerão a pena.

Capítulo 10:

Criando uma Mentalidade de Abundância

10.1 Rompendo com a escassez mental

Romper com a escassez mental é o primeiro passo para criar uma mentalidade de abundância em todas as áreas da vida. Muitas vezes, somos condicionados a pensar de forma limitada, acreditando que não temos recursos suficientes ou que não merecemos prosperar. No entanto, essa mentalidade de escassez só nos mantém presos em um ciclo de falta e insatisfação.

Para romper com a escassez mental, é essencial identificar e desafiar as crenças limitantes que temos sobre nós mesmos e sobre o mundo ao nosso redor. Por exemplo, se você sempre acreditou que dinheiro é difícil de ganhar ou que sucesso é reservado apenas para os sortudos, é hora de questionar essas ideias.

Uma maneira eficaz de romper com a escassez mental é buscar exemplos reais de pessoas que superaram suas próprias limitações e alcançaram o sucesso. Leia biografias inspiradoras, assista a documentários motivacionais ou converse com pessoas bem-sucedidas em sua área de interesse. Essas histórias reais servirão como prova concreta de que é possível superar qualquer obstáculo e criar uma vida abundante.

Além disso, é importante praticar o autocuidado e cultivar uma atitude positiva em relação a si mesmo. Cuide do seu corpo através da alimentação saudável, exercícios físicos regulares e sono adequado. Além disso, pratique técnicas de relaxamento como meditação e mindfulness para acalmar sua mente e reduzir o estresse.

Ao romper com a escassez mental, você estará abrindo espaço para a abundância em sua vida. Lembre-se de que o universo é infinitamente abundante e está sempre pronto para lhe fornecer tudo o que você precisa. Acredite em si mesmo, confie no processo e esteja aberto para receber as oportunidades que surgirem.

10.2 Cultivando uma mentalidade de abundância em todas as áreas da vida

Cultivar uma mentalidade de abundância é essencial para alcançar sucesso e felicidade em todas as áreas da vida. Isso significa acreditar que há recursos suficientes disponíveis para todos, incluindo você, e que você merece prosperar em todas as áreas.

Uma maneira de cultivar essa mentalidade é praticar a gratidão diariamente. Reserve alguns minutos todos os dias para refletir sobre as coisas pelas quais você é grato. Pode ser algo simples como um belo pôr do sol ou algo mais significativo como um relacionamento amoroso ou uma conquista profissional. Ao focar nas coisas positivas em sua vida, você estará treinando sua mente para se concentrar na abundância ao invés da escassez.

Outra estratégia eficaz é visualizar seus objetivos já alcançados. Feche os olhos e imagine-se vivendo a vida dos seus sonhos, com todos os aspectos desejados já realizados. Sinta as emoções positivas associadas a essa visão e mantenha-a presente em sua mente ao longo do dia. Essa prática ajudará a reprogramar sua mente para buscar oportunidades de crescimento e sucesso.

Além disso, é importante cercar-se de pessoas positivas e inspiradoras.

Procure por indivíduos que compartilham da sua mentalidade de abundância e que estão dispostos a apoiá-lo em seus objetivos. Evite pessoas negativas ou pessimistas, pois elas podem minar sua confiança e desencorajá-lo a buscar a abundância.

Lembre-se de que cultivar uma mentalidade de abundância não significa apenas focar no dinheiro ou na riqueza material. É sobre encontrar satisfação e plenitude em todas as áreas da vida, incluindo relacionamentos, saúde, carreira e propósito. Ao adotar essa mentalidade, você estará abrindo portas para oportunidades ilimitadas e criando uma vida verdadeiramente abundante.

10.3 Atraindo riqueza e oportunidades através da mentalidade

Atrair riqueza e oportunidades através da mentalidade é um dos principais benefícios de desenvolver uma mentalidade de abundância.

Quando você acredita que merece prosperar e está aberto para receber, o universo conspira a seu favor, trazendo-lhe as oportunidades certas no momento certo.

Uma maneira eficaz de atrair riqueza é estar aberto para aprender e crescer continuamente. Invista em seu desenvolvimento pessoal através da leitura de livros inspiradores, participação em cursos relevantes ou buscando mentores experientes em sua área de interesse. Quanto mais conhecimento você adquirir, mais preparado estará para aproveitar as oportunidades que surgirem.

Além disso, é importante definir metas claras e específicas para o que deseja alcançar financeiramente. Escreva suas metas em detalhes e visualize-as regularmente como se já tivessem sido realizadas. Isso ajudará a manter sua mente focada e atraindo as circunstâncias necessárias para alcançar seus objetivos.

Outra estratégia poderosa é praticar a generosidade. Quando você dá livremente, sem esperar nada em troca, está enviando uma mensagem ao universo de que você tem o suficiente para compartilhar. Isso cria um ciclo de abundância, onde mais riqueza e oportunidades fluem em sua direção.

Por fim, esteja aberto para assumir riscos calculados e sair da sua zona de conforto. Muitas vezes, as maiores oportunidades estão além do que conhecemos e exigem coragem para explorar o desconhecido. Ao estar disposto a enfrentar desafios e superar obstáculos, você estará abrindo portas para um futuro próspero.

Em resumo, romper com a escassez mental, cultivar uma mentalidade de abundância em todas as áreas da vida e atrair riqueza e oportunidades através da mentalidade são elementos essenciais para criar uma vida verdadeiramente abundante. Ao desafiar crenças limitantes, praticar gratidão diária, visualizar seus objetivos já alcançados e estar aberto para aprender e crescer continuamente, você estará no caminho certo para transformar sua vida através do poder da mente. Lembre-se de que o poder está em suas mãos - agora é hora de agir!

Capítulo 11:

Estabelecendo Metas Alinhadas com sua Nova Mentalidade

11.1 Definindo metas claras e alcançáveis

Definir metas claras e alcançáveis é essencial para o sucesso em qualquer área da vida. Quando você tem uma visão clara do que deseja alcançar, fica mais fácil traçar um caminho para chegar lá. No entanto, muitas pessoas têm dificuldade em definir metas efetivas, o que acaba
limitando seu progresso.

Uma das principais razões pelas quais as pessoas não conseguem definir metas claras é a falta de clareza sobre seus próprios desejos e ambições. Muitas vezes, estamos tão envolvidos na rotina diária que não paramos para refletir sobre o que realmente queremos alcançar em nossas vidas. Portanto, o primeiro passo para definir metas claras é reservar um tempo para se autoconhecer e descobrir quais são seus verdadeiros objetivos.

Uma técnica eficaz para isso é a visualização. Feche os olhos por alguns minutos e imagine-se no futuro, vivendo a vida dos seus sonhos. O que você está fazendo? Como você se sente? Quais são suas realizações?

Essa visualização ajudará a trazer clareza sobre suas aspirações e permitirá que você defina metas alinhadas com sua nova mentalidade.

Além disso, é importante garantir que suas metas sejam alcançáveis.

Embora seja bom ter ambição, também é importante ser realista sobre suas habilidades e recursos atuais. Definir metas inatingíveis pode levar à frustração e desmotivação.

Uma maneira de garantir que suas metas sejam alcançáveis é dividi-las em etapas menores e mais gerenciáveis. Por exemplo, se seu objetivo final é abrir seu próprio negócio, comece definindo metas menores, como pesquisar o mercado, criar um plano de negócios e economizar dinheiro para investir. Ao dividir sua meta em etapas menores, você terá uma sensação de progresso contínuo e será mais provável que permaneça motivado ao longo do caminho.

Além disso, é importante lembrar-se de que as metas podem mudar ao longo do tempo. À medida que você cresce e evolui, suas prioridades podem mudar e novas oportunidades podem surgir. Portanto, esteja aberto a ajustar suas metas conforme necessário. Isso não significa desistir ou ser inconsistente, mas sim adaptar-se às circunstâncias em constante mudança.

11.2 Criando um plano estratégico para atingir suas metas

Uma vez que você tenha definido metas claras e alcançáveis, o próximo passo é criar um plano estratégico para alcançá-las. Ter um plano bem elaborado ajudará a manter o foco e a direção ao longo do caminho.

Um bom ponto de partida para criar um plano estratégico é identificar as principais etapas necessárias para alcançar sua meta. Por exemplo, se seu objetivo é perder peso e ficar em forma, algumas das etapas-chave podem incluir: estabelecer uma rotina regular de exercícios, adotar uma alimentação saudável e equilibrada, buscar orientação profissional (como contratar um personal trainer) e acompanhar seu progresso.

Uma vez que você tenha identificado as etapas-chave, é importante definir prazos realistas para cada uma delas. Isso ajudará a manter o ritmo e garantir que você esteja progredindo em direção à sua meta. Além disso, estabelecer prazos também permite que você avalie seu progresso ao longo do tempo e faça ajustes se necessário.

Outro aspecto importante de um plano estratégico é a definição de medidas de sucesso. Como você saberá quando alcançou sua meta?

Definir critérios claros de sucesso ajudará a manter o foco e a motivação ao longo do caminho. Por exemplo, se seu objetivo é economizar dinheiro para uma viagem, você pode definir como medida de sucesso ter economizado uma determinada quantia até uma data específica.

Além disso, é útil identificar possíveis obstáculos ou desafios que possam surgir ao longo do caminho e pensar em estratégias para superá-los. Por exemplo, se seu objetivo é aprender um novo idioma, você pode antecipar dificuldades com a falta de tempo ou motivação e planejar maneiras de contornar esses obstáculos, como reservar um horário fixo todos os dias para estudar ou encontrar um parceiro de estudo.

Lembre-se também da importância da flexibilidade. Embora seja bom ter um plano estratégico bem elaborado, nem sempre as coisas saem como planejado. Esteja aberto a ajustar seu plano conforme necessário e não tenha medo de fazer mudanças se elas forem necessárias para alcançar sua meta.

11.3 Monitorando e ajustando suas metas ao longo do tempo

Monitorar e ajustar suas metas ao longo do tempo é fundamental para garantir que você esteja no caminho certo e fazendo progresso em direção aos seus objetivos. À medida que você avança em direção à sua meta, é
importante avaliar regularmente seu progresso e fazer os ajustes necessários.

Uma maneira eficaz de monitorar seu progresso é estabelecer marcos ou pontos de verificação ao longo do caminho. Por exemplo, se seu objetivo é escrever um livro, você pode definir marcos para concluir cada capítulo ou atingir um determinado número de palavras por semana. Esses marcos ajudarão a manter o foco e a motivação, além de permitir que você avalie seu progresso.

Além disso, é importante ser honesto consigo mesmo durante o processo de monitoramento. Se você perceber que não está progredindo como esperava ou que suas metas não são mais relevantes para você, não tenha medo de fazer ajustes. Às vezes, mudanças são necessárias para garantir que você esteja no caminho certo e alinhado com seus valores e aspirações atuais.

Outra estratégia útil para monitorar e ajustar suas metas é buscar feedback externo. Compartilhe suas metas com pessoas de confiança, como amigos próximos ou mentores, e peça feedback sobre seu progresso. Eles podem oferecer uma perspectiva diferente e insights valiosos que podem ajudá-lo a identificar áreas em que você pode melhorar ou fazer ajustes.

Além disso, lembre-se da importância da celebração dos sucessos ao

longo do caminho. À medida que você alcança marcos e faz progresso em direção à sua meta, tire um tempo para comemorar suas conquistas. Isso ajudará a manter a motivação e o entusiasmo ao longo do caminho.

Em resumo, definir metas claras e alcançáveis, criar um plano estratégico e monitorar e ajustar suas metas ao longo do tempo são etapas essenciais para alcançar o sucesso em qualquer área da vida. Ao seguir essas práticas, você estará no caminho certo para transformar sua vida através do poder da mente e alcançar seus objetivos mais ambiciosos. Lembre-se de ser flexível, adaptável e persistente ao longo do caminho, pois o processo de definição de metas é uma jornada contínua de crescimento pessoal e desenvolvimento.

Capítulo 12:

A Importância da Persistência e Resiliência na Jornada

12.1 Superando desafios e obstáculos

Superar desafios e obstáculos é uma parte essencial da jornada rumo ao sucesso e à realização pessoal. No entanto, muitas vezes nos deparamos com situações difíceis que parecem insuperáveis, o que pode levar à desmotivação e ao abandono dos nossos objetivos.

Uma das principais estratégias para superar desafios é desenvolver uma mentalidade positiva e resiliente. Isso envolve acreditar em si mesmo, ter confiança nas suas habilidades e estar disposto a enfrentar os obstáculos de frente. Quando você encara os desafios como oportunidades de crescimento e aprendizado, fica mais preparado para lidar com eles.

Um exemplo inspirador de superação é o caso de Thomas Edison, um dos maiores inventores da história. Ele tentou criar a lâmpada elétrica mais de mil vezes antes de finalmente conseguir sucesso. Em vez de se deixar abater pelo fracasso repetido, Edison encarava cada tentativa como um passo em direção ao seu objetivo final. Sua persistência incansável foi fundamental para sua conquista.

Além disso, é importante buscar apoio emocional durante momentos difíceis. Ter pessoas ao seu redor que acreditam em você e te incentivam pode fazer toda a diferença na sua capacidade de superar os desafios.

Compartilhar suas dificuldades com amigos, familiares ou mentores pode trazer novas perspectivas e soluções criativas para os problemas que você enfrenta.

Outra estratégia eficaz para superar desafios é a visualização positiva. Imagine-se alcançando seus objetivos e visualize cada passo do caminho. Isso ajuda a fortalecer sua determinação e motivação, tornando mais fácil enfrentar os obstáculos que surgem ao longo do percurso.

12.2 Desenvolvendo resiliência para lidar com adversidades

A resiliência é uma habilidade fundamental para lidar com adversidades e superar momentos difíceis. Ela envolve a capacidade de se adaptar às mudanças, recuperar-se de situações estressantes e manter-se forte diante das dificuldades.

Uma das maneiras de desenvolver resiliência é cultivar uma mentalidade de crescimento. Em vez de encarar os fracassos como derrotas permanentes, veja-os como oportunidades de aprendizado e crescimento pessoal. Acredite que você tem o poder de superar qualquer desafio e que cada obstáculo é uma chance de se tornar mais forte.

Um exemplo inspirador de resiliência é o caso da escritora J.K. Rowling, autora da série Harry Potter. Antes de alcançar o sucesso, Rowling enfrentou diversos reveses, incluindo a morte da mãe, um divórcio difícil e a falta de recursos financeiros. No entanto, ela nunca desistiu do seu sonho de se tornar uma escritora publicada e continuou persistindo mesmo diante das adversidades. Sua resiliência foi fundamental para sua conquista final.

Além disso, é importante cuidar da sua saúde física e emocional para desenvolver resiliência. Praticar exercícios físicos regularmente, ter uma alimentação saudável e dormir o suficiente são hábitos que fortalecem o corpo e a mente, tornando-o mais capaz de enfrentar os desafios da vida.

Outra estratégia para desenvolver resiliência é buscar apoio social. Ter uma rede de apoio composta por amigos, familiares ou colegas de trabalho pode ajudar a compartilhar as dificuldades e encontrar soluções em conjunto. Além disso, participar de grupos de apoio ou buscar a orientação de um profissional também pode ser benéfico para fortalecer sua resiliência.

12.3 *Mantendo-se persistente mesmo diante de dificuldades*

A persistência é uma qualidade essencial para alcançar o sucesso em qualquer área da vida. Ela envolve a capacidade de continuar avançando mesmo quando as coisas ficam difíceis e os resultados não são imediatos.

Uma das maneiras de manter-se persistente é estabelecer metas claras e realistas. Defina objetivos específicos e mensuráveis que possam ser alcançados em etapas menores. Isso permite que você acompanhe seu progresso ao longo do tempo e mantenha-se motivado mesmo quando os resultados demoram a aparecer.

Um exemplo inspirador de persistência é o caso do empresário Elon Musk, fundador da Tesla Motors e SpaceX. Musk enfrentou inúmeros obstáculos ao longo da sua carreira, incluindo falhas nos negócios e críticas constantes. No entanto, ele nunca desistiu dos seus sonhos e continuou trabalhando incansavelmente para alcançá-los. Sua persistência foi fundamental para seu sucesso no mundo dos negócios.

Além disso, é importante manter uma mentalidade positiva e focada. Em vez de se deixar abater pelas dificuldades, concentre-se nas soluções e no progresso que você está fazendo. Lembre-se de que cada obstáculo superado é um passo em direção ao seu objetivo final.

Outra estratégia eficaz para manter-se persistente é buscar inspiração em histórias de sucesso. Leia biografias de pessoas que alcançaram grandes conquistas e aprenda com suas experiências. Isso pode ajudar a renovar sua motivação e lembrá-lo de que o sucesso é possível, desde que você continue persistindo.

Em resumo, superar desafios e obstáculos, desenvolver resiliência para lidar com adversidades e manter-se persistente mesmo diante de

dificuldades são habilidades essenciais para alcançar o sucesso na vida. Ao cultivar uma mentalidade positiva, buscar apoio emocional, cuidar da sua saúde física e emocional e estabelecer metas claras, você estará preparado para enfrentar qualquer desafio que surgir em seu caminho. Lembre-se de que a jornada rumo ao sucesso não será fácil, mas com persistência e resiliência, você será capaz de superar qualquer obstáculo e alcançar seus objetivos mais ambiciosos.

Capítulo 13:

Construindo Relacionamentos Saudáveis e Significativos

13.1   A importância dos relacionamentos na busca pela felicidade

Os relacionamentos desempenham um papel fundamental em nossa busca pela felicidade. Eles nos fornecem apoio emocional, conexão social e um senso de pertencimento. Estudos têm mostrado consistentemente que pessoas com relacionamentos saudáveis e significativos são mais felizes e têm uma melhor qualidade de vida.

Quando estamos cercados por pessoas que nos amam, nos apoiam e nos valorizam, experimentamos uma sensação de segurança e bem-estar. Esses relacionamentos positivos nos ajudam a lidar com o estresse, superar desafios e enfrentar as dificuldades da vida de forma mais eficaz.

Além disso, os relacionamentos também podem trazer alegria e diversão para nossas vidas. Compartilhar momentos especiais com entes queridos, como amigos ou familiares, cria memórias duradouras e fortalece os laços afetivos.

No entanto, é importante lembrar que nem todos os relacionamentos são saudáveis e benéficos para nossa felicidade. Relacionamentos tóxicos ou abusivos podem ter um impacto negativo em nossa saúde mental e emocional. É essencial reconhecer quando um relacionamento não está contribuindo para nosso bem-estar e tomar medidas para estabelecer

limites saudáveis ou até mesmo encerrar o vínculo se necessário.

Para cultivar relacionamentos saudáveis e significativos em nossa vida, é importante investir tempo e esforço neles. Isso significa estar presente nas

interações com os outros, ouvir ativamente, mostrar empatia e ser genuinamente interessado nas vidas e experiências das pessoas ao nosso redor.

13.2 Técnicas para melhorar a comunicação e conexão interpessoal

A comunicação eficaz desempenha um papel crucial na construção de relacionamentos saudáveis e significativos. Quando nos comunicamos de maneira clara, aberta e respeitosa, estabelecemos uma base sólida para a conexão interpessoal.

Uma técnica importante para melhorar a comunicação é a escuta ativa.

Isso envolve prestar atenção total ao que a outra pessoa está dizendo, sem interromper ou julgar. Ao praticar a escuta ativa, demonstramos interesse genuíno pelo ponto de vista do outro e criamos um ambiente seguro para que eles se expressem livremente.

Outra técnica útil é o uso de linguagem não verbal positiva. Gestos como sorrir, fazer contato visual e adotar uma postura aberta podem transmitir empatia, compreensão e aceitação. Esses sinais não verbais ajudam a fortalecer os laços emocionais entre as pessoas e promovem uma maior conexão interpessoal.

Além disso, é importante aprender a expressar nossas próprias emoções e necessidades de forma clara e assertiva. Comunicar-se de maneira honesta e direta permite que os outros entendam nossas expectativas e
limites, evitando mal-entendidos ou conflitos desnecessários.

13.3 Cultivando relacionamentos saudáveis e duradouros

Cultivar relacionamentos saudáveis e duradouros requer tempo, esforço e comprometimento. Aqui estão algumas estratégias que podem ajudar a fortalecer os laços interpessoais:

1. Construir confiança: A confiança é a base de qualquer relacionamento saudável. Para construir confiança, é importante ser honesto, cumprir promessas e manter a confidencialidade.

Também devemos estar dispostos a perdoar e dar segundas chances quando necessário.

2. Mostrar gratidão e apreciação: Expressar gratidão e apreciação pelos outros fortalece os laços emocionais e cria um ambiente positivo. Pequenos gestos, como dizer "obrigado" ou elogiar as qualidades de alguém, podem ter um impacto significativo em um relacionamento.

3. Investir tempo de qualidade: Reserve tempo regularmente para se conectar com as pessoas importantes em sua vida. Isso pode envolver atividades compartilhadas, como jantares em família, passeios com amigos ou momentos de qualidade com o parceiro romântico.

4. Resolver conflitos de forma saudável: Conflitos são inevitáveis em qualquer relacionamento, mas é importante abordá-los de maneira saudável e construtiva. Isso inclui ouvir ativamente o ponto de vista do outro, buscar soluções mutuamente satisfatórias e evitar ataques pessoais.

5. Manter uma comunicação aberta: A comunicação constante é essencial para manter relacionamentos saudáveis e duradouros. Certifique-se de que as linhas de comunicação estejam sempre abertas, permitindo que todos expressem suas opiniões e sentimentos livremente.

Ao cultivar relacionamentos saudáveis e significativos, estamos investindo em nossa própria felicidade e bem-estar. Essas conexões nos fornecem apoio emocional, alegria e um senso de pertencimento. Portanto, é importante valorizar e nutrir esses relacionamentos ao longo do tempo.

Capítulo 14:

Encontrando um Propósito Maior na Vida

14.1 Descobrindo seu propósito pessoal e profissional

Descobrir o propósito pessoal e profissional é um passo fundamental para alcançar uma vida plena e satisfatória. Muitas vezes, nos encontramos presos em rotinas sem sentido, sem saber qual é o nosso verdadeiro propósito na vida. No entanto, ao explorar essa área mais a fundo, podemos encontrar novas perspectivas e direcionamentos que nos ajudarão a viver uma vida com significado.

Uma maneira de descobrir seu propósito pessoal é refletir sobre suas paixões e interesses. Pergunte-se: o que realmente me faz feliz? O que eu faria mesmo se não recebesse dinheiro por isso? Identificar essas áreas de interesse pode ser um indicativo do que você realmente deseja fazer na vida.

Além disso, é importante considerar seus valores e princípios. O que é mais importante para você? Quais são os seus ideais e crenças fundamentais? Ao alinhar seu propósito com seus valores, você estará construindo uma base sólida para uma vida significativa.

Outra abordagem útil é buscar inspiração em outras pessoas. Pesquise sobre indivíduos que admiram e cujas trajetórias de vida você considera

inspiradoras. Analise como eles encontraram seu propósito e quais foram as etapas que percorreram para alcançá-lo. Esses exemplos podem fornecer insights valiosos sobre como descobrir seu próprio propósito.

É importante ressaltar que descobrir seu propósito pessoal não significa necessariamente encontrar uma única resposta definitiva. O propósito pode evoluir ao longo do tempo à medida que você cresce e se desenvolve como pessoa. Esteja aberto a mudanças e adaptações ao longo do caminho.

14.2 Vivendo uma vida com significado e propósito

Viver uma vida com significado e propósito é um objetivo que muitas pessoas buscam. No entanto, nem sempre é fácil identificar o que isso significa para cada indivíduo. Nesta seção, exploraremos algumas maneiras de viver uma vida com mais significado e propósito.

Uma das chaves para viver uma vida com significado é definir metas claras e alinhadas com seu propósito pessoal. Estabeleça objetivos que estejam alinhados com seus valores e princípios, e trabalhe em direção a eles de forma consistente. Ter metas claras ajudará a dar sentido às suas ações diárias e fornecerá um senso de direção.

Além disso, é importante cultivar relacionamentos saudáveis e significativos. Conectar-se com outras pessoas, compartilhar experiências e apoiar uns aos outros pode trazer um profundo senso de propósito à sua vida. Invista tempo em relacionamentos genuínos e construa conexões significativas com aqueles ao seu redor.

Outra maneira de viver uma vida com mais significado é encontrar maneiras de contribuir para os outros. Isso pode ser feito através do voluntariado, ajudando os necessitados ou simplesmente sendo gentil no dia-a-dia. Ao fazer algo positivo pelos outros, você estará contribuindo para o bem-estar coletivo e encontrando um propósito maior na sua própria vida.

Além disso, lembre-se de cuidar de si mesmo. Priorize o autocuidado e reserve tempo para atividades que lhe tragam alegria e satisfação. Isso pode incluir hobbies, exercícios físicos, meditação ou qualquer outra atividade que o ajude a se sentir bem consigo mesmo. Ao cuidar de si mesmo, você estará fortalecendo sua capacidade de viver uma vida com significado.

14.3 Contribuindo para o bem-estar coletivo através do seu propósito

Contribuir para o bem-estar coletivo é uma maneira poderosa de encontrar um propósito maior na vida. Quando nos envolvemos em causas

maiores do que nós mesmos, podemos experimentar um senso profundo de realização e satisfação.

Uma maneira de contribuir para o bem-estar coletivo é identificar problemas sociais ou ambientais que você se preocupa e encontrar maneiras de fazer a diferença. Isso pode ser feito através do voluntariado em organizações sem fins lucrativos, participando de campanhas de conscientização ou até mesmo iniciando seu próprio projeto social.

Além disso, considere como suas habilidades e talentos podem ser usados para ajudar os outros. Todos nós temos habilidades únicas que podem ser aplicadas para melhorar a vida das pessoas ao nosso redor. Pense em como você pode usar seus talentos para criar um impacto positivo no mundo.

Outra maneira importante de contribuir para o bem-estar coletivo é promover a igualdade e a justiça social. Isso pode envolver defender os direitos dos menos privilegiados, lutar contra a discriminação ou trabalhar pela inclusão social. Ao se envolver nessas questões, você estará contribuindo para a construção de uma sociedade mais justa e equitativa.

Lembre-se de que cada pequena ação conta. Mesmo as menores contribuições podem ter um impacto significativo quando se trata de melhorar o bem-estar coletivo. Não subestime o poder das suas ações e do seu propósito em fazer a diferença no mundo.

Em resumo, descobrir seu propósito pessoal e profissional é essencial para viver uma vida com significado. Ao alinhar seus valores, interesses e paixões, você pode encontrar direcionamento e motivação para alcançar seus objetivos mais ambiciosos. Além disso, ao contribuir para o bem-estar coletivo através do seu propósito, você estará criando um impacto positivo no mundo ao seu redor. Portanto, não tenha medo de explorar essas áreas mais profundamente e buscar uma vida cheia de significado, propósito e realização. O poder está em suas mãos!

Capítulo 15:

Compreendendo a Origem dos Traumas

15.1 *Identificando experiências traumáticas passadas*

Identificar experiências traumáticas passadas é o primeiro passo crucial no processo de cura e superação. Muitas vezes, essas experiências podem estar enterradas no subconsciente, manifestando-se de maneiras sutis ou indiretas em nossas vidas diárias. É importante estar atento a sinais como flashbacks, pesadelos recorrentes, ansiedade inexplicável, evitação de certos lugares ou situações, entre outros. Uma técnica eficaz para identificar essas experiências é a terapia psicológica, onde um profissional qualificado pode ajudar a explorar memórias dolorosas e traumas do passado. Através de sessões terapêuticas, é possível reconhecer padrões de comportamento autodestrutivo ou crenças limitantes que têm origem em eventos traumáticos. Além disso, manter um diário emocional pode ser uma ferramenta útil para rastrear sentimentos intensos e reações desproporcionais a determinadas situações. Ao registrar pensamentos e emoções diariamente, torna-se mais fácil identificar padrões recorrentes e possíveis gatilhos relacionados a traumas passados. Outra abordagem eficaz é buscar feedback de pessoas próximas e confiáveis que possam ter observado mudanças significativas em seu comportamento ou estado emocional. Às vezes, os outros podem perceber padrões que não conseguimos ver em nós mesmos, fornecendo insights valiosos sobre possíveis experiências traumáticas não resolvidas. A auto-reflexão também desempenha um papel fundamental na identificação de experiências traumáticas passadas. Ao reservar um tempo para examinar sua história pessoal e conectar eventos do passado com sintomas atuais, você pode começar a desvendar as camadas do trauma e iniciar o processo de cura.

15.2 *Entendendo como os traumas afetam a mente*

Os traumas têm um impacto profundo na mente humana, afetando não apenas o comportamento, mas também a saúde mental e emocional de uma pessoa. Quando uma experiência traumática ocorre, o cérebro pode ser sobrecarregado com emoções intensas e memórias dolorosas que podem ser difíceis de processar. Isso pode levar a 2 uma série de sintomas, como ansiedade, depressão, transtorno de estresse póstraumático (TEPT) e até mesmo distúrbios dissociativos. Além disso, os traumas podem alterar a forma como o cérebro funciona, especialmente nas áreas relacionadas ao processamento emocional e à regulação do estresse. Por exemplo, pessoas que sofreram abuso na infância podem desenvolver dificuldades em regular suas emoções ou confiar nos outros. Essas mudanças neurobiológicas podem persistir por anos após a experiência traumática inicial. Um aspecto importante a considerar é como os traumas afetam a percepção de si mesmo e do mundo ao redor. Muitas vezes, as pessoas que passaram por eventos traumáticos podem desenvolver crenças negativas sobre si mesmas, como sentir-se indignas ou incapazes. Isso pode levar a padrões autodestrutivos de pensamento e comportamento que perpetuam o ciclo do trauma. Além disso, os traumas também podem impactar significativamente os relacionamentos interpessoais de uma pessoa. A dificuldade em confiar nos outros, medo de intimidade ou problemas de comunicação são apenas alguns exemplos das consequências dos traumas não resolvidos. Esses padrões relacionais disfuncionais podem criar um ciclo vicioso que perpetua o sofrimento emocional. Em última análise, compreender como os traumas afetam a mente é essencial para iniciar o processo de cura e recuperação. Ao reconhecer os sintomas e padrões associados aos traumas passados, é possível buscar ajuda profissional adequada para lidar com as questões subjacentes e promover uma maior saúde mental e bem-estar emocional.

15.3 Reconhecendo padrões de comportamento relacionados a traumas

se trata de reconhecer padrões de comportamento relacionados a traumas, é essencial observar não apenas os sintomas óbvios, como ansiedade e depressão, mas também os comportamentos mais sutis que podem indicar um trauma subjacente. Por exemplo, uma pessoa que experimentou um evento traumático pode apresentar dificuldades em estabelecer limites saudáveis em seus relacionamentos ou tendência a se envolver em relacionamentos abusivos repetidamente. Além disso, é importante estar atento aos gatilhos emocionais que desencadeiam respostas intensas e desproporcionais. Por exemplo, alguém que foi vítima de violência doméstica pode reagir de forma exagerada a situações aparentemente inofensivas que 3 lembrem o trauma passado. Reconhecer esses padrões de reatividade emocional pode ser fundamental para identificar e lidar com as questões não resolvidas. Outro aspecto a considerar ao reconhecer padrões de comportamento relacionados a traumas é a autossabotagem. Muitas vezes, pessoas que sofreram traumas podem se encontrar repetindo padrões autodestrutivos, como abuso de substâncias, procrastinação crônica ou autoisolamento. Esses comportamentos podem servir como mecanismos de enfrentamento inadequados para lidar com a dor emocional causada pelo trauma. É crucial lembrar que cada indivíduo responde aos traumas de maneira única, e nem todos os sintomas serão evidentes à primeira vista. Portanto, estar atento a mudanças sutis no comportamento ou nos padrões de pensamento pode ser fundamental para identificar possíveis traumas subjacentes e buscar ajuda adequada. Ao reconhecer esses padrões de comportamento relacionados a traumas, é possível iniciar o processo de cura e recuperação. Buscar terapia especializada e apoio emocional pode ajudar a lidar com as questões não resolvidas e promover uma maior saúde mental e bem-estar emocional no longo prazo.

Capítulo 16:

Reconhecendo Sinais de Trauma e Limitações

16.1 Identificando sinais físicos e emocionais de trauma

Quando se trata de identificar sinais físicos e emocionais de trauma, é importante estar atento a uma variedade de sintomas que podem se manifestar de maneiras diferentes em cada indivíduo. Além dos sintomas mais óbvios, como ansiedade e depressão, existem outros indicadores sutis que podem apontar para a presença de um trauma não resolvido. Por exemplo, mudanças repentinas no humor, irritabilidade excessiva, insônia ou pesadelos frequentes podem ser sinais emocionais de um trauma passado. Essas reações intensas podem surgir sem motivo aparente ou ser desencadeadas por situações específicas que lembram o evento traumático. No aspecto físico, dores crônicas inexplicáveis, problemas gastrointestinais recorrentes, tensão muscular constante ou até mesmo doenças autoimunes podem estar relacionados a traumas não resolvidos. O corpo muitas vezes reflete o estado emocional da mente, e esses sintomas físicos persistentes podem ser um sinal de que algo mais profundo está afetando o bem-estar geral da pessoa. Além disso, comportamentos autodestrutivos, como abuso de substâncias, compulsões alimentares ou automutilação, também são indicadores comuns de trauma não resolvido. Essas formas de lidar com a dor emocional podem servir como mecanismos temporários para aliviar o sofrimento interno causado pelo evento traumático. É fundamental lembrar que cada pessoa pode manifestar os sinais de trauma de maneira única e individualizada. Portanto, estar atento a uma ampla gama de sintomas físicos e emocionais é essencial para identificar adequadamente as questões subjacentes e buscar ajuda profissional adequada para iniciar o processo de cura e recuperação.

16.2 Compreendendo as limitações impostas pelos traumas

Quando uma pessoa vivencia um trauma, seja ele físico, emocional ou psicológico, é comum que isso resulte em diversas limitações que afetam sua vida diária e seu bem5 estar geral. Compreender essas limitações é crucial para oferecer o suporte adequado e ajudar na jornada de recuperação do indivíduo. Uma das principais limitações impostas pelos traumas é a dificuldade em estabelecer e manter relacionamentos saudáveis. Indivíduos que passaram por experiências traumáticas podem desenvolver problemas de confiança, medo de intimidade ou dificuldade em expressar emoções, o que pode impactar significativamente suas interações interpessoais. Além disso, os traumas frequentemente geram uma sensação de desamparo e falta de controle sobre a própria vida. Isso pode resultar em comportamentos evitativos, procrastinação crônica ou até mesmo isolamento social, pois a pessoa se sente incapaz de lidar com situações desafiadoras ou imprevisíveis. Outra limitação comum é a dificuldade em lidar com emoções intensas e conflitantes. Traumas não resolvidos muitas vezes levam a sentimentos de raiva reprimida, tristeza profunda ou culpa excessiva, tornando difícil para o indivíduo processar essas emoções de forma saudável e construtiva. Por fim, os traumas também podem impactar negativamente a autoestima e autoimagem da pessoa. Sentimentos de inadequação, vergonha ou autocrítica constante podem surgir como resultado das experiências traumáticas vivenciadas, prejudicando a confiança e o amor-próprio do indivíduo. Ao compreender as diversas limitações impostas pelos traumas, é possível oferecer um apoio mais eficaz e empático às pessoas que estão lutando para superar essas experiências dolorosas. Através do suporte adequado e da busca por ajuda profissional qualificada, é possível iniciar o processo de cura e reconstrução da vida após um trauma.

16.3 Explorando os efeitos do trauma na autoestima e autoconfiança

Quando uma pessoa vivencia um trauma, seja ele físico, emocional ou psicológico, os impactos podem ser profundos e duradouros em sua autoestima e autoconfiança. O trauma pode abalar a visão que o indivíduo tem de si mesmo, levando a sentimentos de inadequação, vergonha e autocrítica constante. Um dos principais efeitos do trauma na autoestima é a sensação de não ser bom o suficiente. Muitas vezes, as experiências traumáticas deixam marcas emocionais que fazem com que a pessoa se sinta inferior aos outros, incapaz de alcançar seus objetivos 6 ou merecedora de amor e respeito. Isso pode levar a um ciclo negativo de pensamentos autodepreciativos que minam ainda mais a confiança em si mesmo. Além disso, o trauma pode afetar diretamente a autoimagem da pessoa. Sentimentos de vergonha associados ao evento traumático podem fazer com que o indivíduo se veja como alguém indigno ou defeituoso. Essa distorção da própria imagem pode prejudicar a forma como a pessoa se relaciona consigo mesma e com os outros, criando barreiras para o desenvolvimento saudável da autoconfiança. É importante ressaltar que esses sentimentos negativos em relação à própria identidade podem impactar todas as áreas da vida do indivíduo. Desde desempenho acadêmico e profissional até relacionamentos interpessoais, a baixa autoestima resultante do trauma pode limitar as oportunidades de crescimento e felicidade. Para superar os efeitos do trauma na autoestima e autoconfiança, é fundamental buscar ajuda especializada. Terapia individual ou em grupo, práticas de autocuidado e técnicas de mindfulness são algumas das estratégias que podem auxiliar no processo de reconstrução da identidade pessoal e na promoção da autoaceitação

Capítulo 17:

Desbloqueando crenças limitantes

17.1 Identificando crenças limitantes pessoais

Quando se trata de identificar crenças limitantes pessoais, é essencial olhar para além dos sintomas físicos e emocionais visíveis. Muitas vezes, essas crenças estão enraizadas no subconsciente e moldam a maneira como uma pessoa percebe a si mesma e o mundo ao seu redor. Uma forma de identificar crenças limitantes é prestar atenção aos padrões de pensamento recorrentes que surgem em momentos de desafio ou estresse. Por exemplo, se alguém constantemente se autossabota antes de uma oportunidade importante, pode ser um sinal de uma crença subjacente de não ser digno de sucesso ou felicidade. Além disso, observar as reações automáticas diante de situações específicas pode revelar crenças limitantes profundamente enraizadas. Se uma pessoa evita confrontações ou desafios por medo do fracasso ou rejeição, isso pode indicar uma crença arraigada de não ser capaz o suficiente para lidar com tais situações. Outro aspecto importante na identificação de crenças limitantes pessoais é analisar as mensagens internalizadas ao longo da vida. Comentários negativos repetidos por figuras autoritárias, experiências traumáticas passadas ou padrões familiares disfuncionais podem contribuir para a formação dessas crenças prejudiciais. É crucial lembrar que as crenças limitantes podem se manifestar de diversas formas e variar amplamente entre os indivíduos. Portanto, estar atento aos pensamentos automáticos, comportamentos repetitivos e origens possíveis dessas crenças é fundamental para desbloqueá-las e promover um crescimento pessoal significativo.

17.2 *Desafiando e questionando crenças limitantes*

Ao desafiar e questionar crenças limitantes, é essencial adotar uma abordagem crítica e reflexiva em relação aos padrões de pensamento arraigados. Muitas vezes, essas crenças são internalizadas ao longo do tempo e podem parecer inquestionáveis à primeira vista. No entanto, ao investigar mais a fundo suas origens e impactos, é possível desbloquear essas barreiras mentais e promover uma transformação pessoal significativa. 8 Uma estratégia eficaz para desafiar crenças limitantes é confrontá-las com evidências concretas que as contradigam. Por exemplo, se alguém acredita firmemente que não é capaz de alcançar o sucesso profissional devido a experiências passadas de fracasso, é fundamental reunir exemplos de conquistas anteriores ou feedback positivo para contestar essa visão negativa de si mesmo. Além disso, buscar diferentes perspectivas e opiniões externas pode ajudar a desafiar crenças limitantes ao oferecer novos insights e pontos de vista. Conversar com amigos próximos, mentores ou profissionais especializados pode proporcionar uma visão mais ampla sobre as capacidades e potenciais ocultos que podem estar sendo subestimados devido a essas crenças prejudiciais. Outra abordagem valiosa para questionar crenças limitantes é praticar a autoempatia e autocompaixão. Ao reconhecer os sentimentos negativos associados a essas crenças e tratá-los com gentileza e compreensão, é possível criar um espaço seguro para explorar suas raízes profundas sem julgamento ou autopunição. Em última análise, desafiar e questionar crenças limitantes requer coragem, autenticidade e um compromisso contínuo com o crescimento pessoal. Ao enfrentar esses obstáculos internos com determinação e resiliência, é possível abrir caminho para uma nova narrativa empoderadora baseada na autoconfiança e na autenticidade.

17.3 *Substituindo crenças limitantes por pensamentos positivos*

A substituição de crenças limitantes por pensamentos positivos é um processo fundamental para promover uma mudança significativa na mentalidade e no comportamento de uma pessoa. Ao identificar e desafiar as crenças que impedem o crescimento pessoal, é possível criar espaço para a adoção de novas perspectivas e atitudes mais construtivas. Uma estratégia eficaz para substituir crenças limitantes por pensamentos positivos é a prática da afirmação diária. Afirmações são declarações positivas sobre si mesmo que ajudam a reprogramar o subconsciente e fortalecer a autoconfiança. Por exemplo, repetir frases como "Eu sou capaz" ou "Eu mereço sucesso" regularmente pode ajudar a reforçar uma mentalidade positiva e encorajadora. Além disso, visualizar o sucesso e a realização de metas pode ser uma ferramenta poderosa para substituir crenças limitantes. Ao imaginar vividamente alcançando objetivos desejados e experimentando sentimentos de gratidão e realização, é possível 9 criar uma conexão emocional com essas conquistas futuras, fortalecendo a crença na própria capacidade de alcançá-las. Outra abordagem eficaz é praticar a gratidão diariamente. Reconhecer e apreciar as coisas boas da vida ajuda a cultivar um mindset positivo e focado no presente. A gratidão também pode ajudar a desviar o foco das crenças limitantes para aspectos mais edificantes da existência, promovendo um senso de bem-estar e contentamento. Em última análise, substituir crenças limitantes por pensamentos positivos requer consistência, paciência e autodisciplina. Ao adotar práticas diárias que fortalecem uma mentalidade otimista e capacitadora, é possível transformar gradualmente padrões de pensamento negativos em fontes de inspiração e motivação para alcançar todo o potencial pessoal

Capítulo 18:

Vencendo a sua mente tomando o controle

18.1 *A importância do autodomínio mental*

O autodomínio mental é fundamental para o desenvolvimento pessoal e a conquista de objetivos. Ter controle sobre a própria mente permite lidar com desafios, superar obstáculos e manter o foco em metas importantes. Quando uma pessoa domina sua mente, ela pode direcionar seus pensamentos, emoções e ações de forma positiva e construtiva. Um exemplo prático da importância do autodomínio mental é quando alguém enfrenta uma situação estressante no trabalho. Se essa pessoa não consegue controlar seus pensamentos negativos ou emoções intensas, pode acabar tomando decisões impulsivas ou reagindo de maneira inadequada, prejudicando sua performance e relacionamentos profissionais. Por outro lado, uma pessoa que possui autodomínio mental consegue manter a calma, analisar a situação de forma racional e tomar medidas assertivas para resolver o problema. Esse controle sobre a mente não apenas melhora o desempenho individual, mas também contribui para um ambiente de trabalho mais harmonioso e produtivo. Além disso, o autodomínio mental é essencial para lidar com desafios pessoais e emocionais. Quando alguém enfrenta adversidades na vida, como perdas, fracassos ou decepções, ter controle sobre os pensamentos e emoções ajuda a superar esses momentos difíceis com resiliência e determinação. Em resumo, o autodomínio mental é uma habilidade valiosa que pode ser desenvolvida através da prática constante da atenção plena, meditação, autoconhecimento e gestão emocional. Ao dominar a própria mente, uma pessoa se torna mais capacitada para enfrentar os desafios da vida com confiança, equilíbrio emocional e clareza mental.

18.2 Estratégias para controlar pensamentos negativos

Controlar pensamentos negativos é essencial para manter o autodomínio mental e alcançar uma vida mais equilibrada e positiva. Existem diversas estratégias que podem ser adotadas para lidar com esses pensamentos prejudiciais e transformá-los em algo construtivo: 11 1.Prática da gratidão: Uma maneira eficaz de combater pensamentos negativos é cultivar a gratidão. Ao focar nas coisas boas da vida e reconhecer as bênçãos presentes, é possível mudar a perspectiva e diminuir a influência dos pensamentos ruins. 2.Mindfulness e meditação: A prática da atenção plena e meditação ajuda a aumentar a consciência sobre os próprios pensamentos, permitindo identificar padrões negativos e substituí-los por pensamentos mais positivos e construtivos. 3.Reframe de pensamentos: Ao perceber um pensamento negativo, é importante questionar sua veracidade e buscar uma interpretação mais realista da situação. Reframar os pensamentos distorcidos pode ajudar a reduzir o impacto emocional negativo. 4.Exercício físico regular: A prática de atividades físicas libera endorfinas no corpo, substâncias responsáveis pela sensação de bem-estar. O exercício regular pode ajudar a reduzir o estresse, ansiedade e melhorar o humor, combatendo assim os pensamentos negativos. 5.Terapia cognitivo-comportamental: Em casos mais graves de padrões persistentes de pensamentos negativos, buscar ajuda profissional através da terapia cognitivo-comportamental pode ser uma opção eficaz. Esse tipo de terapia ajuda a identificar crenças limitantes e desenvolver estratégias para modificá-las. Ao adotar essas estratégias no dia a dia, é possível fortalecer o controle sobre os próprios pensamentos, promovendo uma mente mais saudável e equilibrada. Com persistência e dedicação, é possível vencer os padrões negativos de pensamento e alcançar uma vida mais plena e feliz.

18.3 Práticas para fortalecer a força de vontade e disciplina mental

Para fortalecer a sua força de vontade e disciplina mental, é essencial adotar práticas que promovam o controle sobre os seus pensamentos e ações. Aqui estão algumas estratégias eficazes para alcançar esse objetivo: 1.Estabeleça metas claras e alcançáveis: Definir objetivos específicos e realistas ajuda a manter o foco e a motivação para superar desafios. Ao ter um propósito claro em mente, você estará mais propenso a resistir às tentações e manter-se firme em seu caminho. 12 2.Desenvolva uma rotina saudável:

Criar hábitos positivos, como dormir o suficiente, alimentar-se bem e praticar exercícios regularmente, contribui para fortalecer a sua disciplina mental. Uma rotina saudável proporciona estabilidade emocional e física, facilitando o controle sobre impulsos negativos. 3.Pratique o autocontrole diariamente: Exercitar o autocontrole em situações cotidianas, como resistir à procrastinação ou controlar impulsos imediatos, é fundamental para fortalecer a sua força de vontade. Comece com pequenos desafios e vá aumentando gradualmente a dificuldade para desenvolver essa habilidade. 4.Cultive a resiliência emocional: A capacidade de lidar com adversidades de forma positiva é essencial para manter a disciplina mental. Ao aprender com os fracassos e rejeições, você se torna mais forte e preparado para enfrentar futuros obstáculos sem se deixar abalar. 5.Busque apoio emocional: Ter uma rede de apoio composta por amigos, familiares ou profissionais pode ser fundamental para fortalecer a sua força de vontade. Compartilhar suas dificuldades e conquistas com pessoas que te incentivam pode fornecer o suporte necessário nos momentos desafiadores. Ao incorporar essas práticas no seu dia a dia, você estará fortalecendo não apenas a sua força de vontade e disciplina mental, mas também construindo uma base sólida para alcançar os seus objetivos pessoais e profissionais com sucesso.

Capítulo 19:

O poder que a mente tem de criar uma realidade

19.1 Compreendendo o poder da mente na manifestação da

realidade A mente humana possui um poder incrível de moldar a realidade ao seu redor. A forma como pensamos, sentimos e agimos tem um impacto direto não apenas em nossa própria vida, mas também nas circunstâncias que nos cercam. Compreender esse poder é fundamental para aproveitá-lo de maneira positiva e construtiva. Quando cultivamos pensamentos positivos e otimistas, estamos mais propensos a atrair situações favoráveis e oportunidades em nossas vidas. Por outro lado, se nos deixarmos dominar por pensamentos negativos e limitantes, é provável que enfrentemos mais desafios e obstáculos no caminho para alcançar nossos objetivos. Um exemplo prático desse poder da mente na manifestação da realidade é o conceito de "lei da atração". Segundo essa teoria, nossos pensamentos e emoções emitem uma energia vibracional que atrai eventos e pessoas com frequências semelhantes. Dessa forma, ao manter uma mentalidade positiva e focada no que desejamos conquistar, estamos criando as condições ideais para que esses desejos se materializem em nossa vida. Além disso, a mente também influencia diretamente nossa percepção da realidade. Duas pessoas podem vivenciar a mesma situação de maneiras completamente diferentes com base em suas crenças, valores e experiências anteriores. Isso demonstra como a forma como interpretamos os eventos ao nosso redor está intrinsecamente ligada à nossa mente e seus padrões de pensamento. Portanto, ao compreender o poder da mente na manifestação da realidade, podemos assumir um papel ativo na criação do nosso destino. Ao cultivar uma mentalidade positiva, focada no crescimento pessoal e na realização de nossos sonhos, estamos dando um passo importante rumo à construção de uma vida plena e significativa.

19.2 Utilizando técnicas de visualização para alcançar objetivos

A visualização é uma técnica poderosa que utiliza a imaginação para criar uma representação mental clara e vívida de um objetivo desejado. Ao visualizarmos de forma detalhada e intensa o que queremos alcançar, estamos ativando áreas do cérebro 14 responsáveis pela motivação e foco, tornando mais provável que nos empenhemos na busca daquilo que almejamos. Um exemplo prático de como a visualização pode ser eficaz é o caso de atletas de alto rendimento. Muitos desses profissionais utilizam a técnica da visualização para se prepararem mentalmente antes de uma competição. Ao imaginarem cada movimento, cada detalhe da performance ideal, estão treinando não apenas o corpo, mas também a mente para o sucesso. Além disso, a visualização pode ajudar a superar obstáculos e medos que possam surgir no caminho para alcançar um objetivo. Ao nos vermos enfrentando e superando essas barreiras em nossa mente, estamos fortalecendo nossa confiança e autoestima, tornando-nos mais resilientes diante dos desafios reais. Para utilizar a técnica de visualização de forma eficaz, é importante dedicar tempo diariamente para praticá-la. Encontre um lugar tranquilo onde possa se concentrar sem interrupções, feche os olhos e imagine-se vivenciando seu objetivo como se já fosse realidade. Quanto mais detalhes você conseguir incluir nessa imagem mental, mais poderosa ela se tornará. Em resumo, a visualização é uma ferramenta poderosa que pode ajudá-lo a alcançar seus objetivos ao estimular sua mente a agir em direção ao que deseja conquistar. Ao incorporar essa prática em sua rotina diária com consistência e foco, você estará dando um passo significativo rumo à realização dos seus sonhos e aspirações.

19.3 Criando afirmações positivas para reprogramar a mente

A criação de afirmações positivas é uma técnica poderosa para reprogramar a mente e direcioná-la para alcançar objetivos específicos. Essas afirmações são frases curtas e afirmativas que refletem aquilo que desejamos manifestar em nossas vidas. Ao repeti-las regularmente, estamos condicionando nossa mente a acreditar nesses pensamentos positivos, o que pode impactar significativamente nosso comportamento e atitudes. Para criar afirmações eficazes, é importante seguir algumas diretrizes: 1.

Seja específico: Formule suas afirmações de forma clara e precisa, focando exatamente no que deseja alcançar. Por exemplo, ao invés de dizer "Quero ser mais feliz", você pode afirmar "Estou cultivando alegria e gratidão em minha vida todos os dias". 2. Seja presente: Utilize o tempo verbal no presente, como se aquilo que deseja já estivesse acontecendo. Isso ajuda a criar uma sensação de realidade imediata em sua mente. Por exemplo, em vez de dizer "Vou ser bem-sucedido", diga "Eu sou um sucesso em tudo o que faço". 3. Seja positivo: Evite usar negações ou palavras negativas em suas afirmações. Foque sempre no aspecto positivo do que deseja atrair para sua vida. Por exemplo, ao invés de dizer "Não quero mais sentir medo", prefira afirmar "Estou cultivando coragem e confiança em todas as situações". Além disso, é fundamental repetir essas afirmações diariamente, preferencialmente pela manhã ao acordar e à noite antes de dormir. Esse hábito constante ajuda a fortalecer as novas crenças em sua mente subconsciente, criando um padrão mental mais alinhado com seus objetivos. A prática consistente das afirmações positivas pode não apenas reprogramar sua mente para o sucesso, mas também aumentar sua autoconfiança, motivação e resiliência diante dos desafios. Ao incorporá-las em sua rotina diária com dedicação e fé na mudança interior, você estará dando passos concretos rumo à realização plena de seus sonhos.

Capítulo 20:

Utilizando a Visualização Criativa

20.1 *A importância da visualização criativa na reprogramação mental*

A visualização criativa é uma técnica poderosa que envolve a criação de imagens mentais vívidas e detalhadas do que desejamos alcançar. Essa prática não apenas estimula áreas do cérebro responsáveis pela motivação e foco, mas também tem o potencial de reprogramar nossa mente para agir em direção aos nossos objetivos. Uma das principais vantagens da visualização criativa é sua capacidade de nos ajudar a superar obstáculos e medos que possam surgir no caminho para alcançar nossos sonhos. Ao nos vermos enfrentando e superando essas barreiras em nossa mente, estamos fortalecendo nossa confiança e autoestima, tornando-nos mais resilientes diante dos desafios reais que possam surgir. Além disso, a visualização criativa pode ser especialmente útil para aqueles que buscam melhorar seu desempenho em diversas áreas da vida, como no trabalho, nos estudos ou até mesmo nas relações interpessoais. Ao praticarmos regularmente a visualização de situações positivas e bem-sucedidas nessas áreas, estamos condicionando nossa mente a agir de maneira mais eficaz e assertiva quando confrontados com tais situações na realidade. Um exemplo prático do poder da visualização criativa é o caso de

108

artistas visuais que utilizam essa técnica para conceber suas obras antes mesmo de começarem a pintar ou esculpir. Ao imaginarem cada detalhe da obra finalizada em suas mentes, estão preparando seu cérebro para coordenar os movimentos necessários para concretizar sua visão artística. Em resumo, a visualização criativa é uma ferramenta valiosa para reprogramar nossa mente em direção aos nossos objetivos. Ao incorporarmos essa prática em nossa rotina diária com consistência e dedicação, podemos potencializar nosso potencial interno e criar as condições ideais para alcançarmos uma vida plena e significativa.

20.2 *Técnicas e exercícios de visualização criativa*

A visualização criativa oferece uma variedade de técnicas e exercícios que podem ser explorados para potencializar seus benefícios. Uma técnica comum é a criação de um quadro de visão, onde você reúne imagens, palavras e símbolos que representam seus 17 objetivos e desejos. Ao olhar para esse quadro regularmente, você está reforçando mentalmente suas metas e estimulando sua mente a agir em direção a elas. Outra técnica eficaz é a visualização guiada, onde você segue um roteiro ou gravação que o conduz por uma jornada mental rumo ao alcance de seus sonhos. Essa prática pode ajudar a aumentar sua clareza sobre seus objetivos, além de fortalecer sua crença na realização dos mesmos. Além disso, os exercícios de visualização criativa podem incluir meditações focadas em imaginar cenários positivos e bem-sucedidos em diversas áreas da vida. Por exemplo, ao visualizar-se dando uma apresentação brilhante no trabalho ou alcançando excelentes resultados acadêmicos, você está treinando seu cérebro para lidar com tais situações com confiança e determinação quando elas surgirem na realidade. Um exemplo prático desses exercícios é o caso de atletas de alto rendimento que utilizam a visualização criativa para se prepararem mentalmente antes das competições. Ao imaginarem cada movimento perfeito em suas mentes, estão condicionando seus corpos a executarem essas ações com precisão quando estiverem no campo ou na pista. Em suma, ao explorar diferentes técnicas e exercícios de visualização criativa, você pode ampliar seu repertório de ferramentas mentais para alcançar seus objetivos com mais eficácia e consistência.

20.3 *Aplicando a visualização criativa para superar desafios*

A visualização criativa pode ser uma ferramenta poderosa para superar desafios, sejam eles pessoais, profissionais ou emocionais. Ao utilizar técnicas de visualização, é possível mudar a forma como encaramos os obstáculos e encontrar soluções inovadoras para enfrentá-los. Uma maneira eficaz de aplicar a visualização criativa para superar desafios é imaginar-se já tendo superado o problema. Ao visualizar-se no futuro, após ter resolvido a situação complicada, você está programando sua mente para buscar caminhos que levem a esse resultado desejado. Isso ajuda a reduzir o medo e a ansiedade associados ao desafio, permitindo que você aborde a situação com mais confiança e determinação. Além disso, ao utilizar a técnica do "filme mental", onde você cria uma narrativa visual em sua mente sobre como gostaria que as coisas se desenrolassem de forma positiva, 18 você está estimulando seu cérebro a encontrar soluções criativas e eficazes para lidar com o problema em questão. Um exemplo prático dessa aplicação da visualização criativa é o caso de empreendedores que enfrentam dificuldades no lançamento de um novo produto. Ao visualizarem o sucesso do produto no mercado, eles podem identificar estratégias inovadoras de marketing ou melhorias no produto que os ajudem a superar os obstáculos iniciais. Em resumo, ao aplicar técnicas de visualização criativa para superar desafios, você está treinando sua mente para pensar de forma mais positiva e proativa diante das adversidades. Isso não apenas aumenta suas chances de sucesso, mas também fortalece sua resiliência e capacidade de enfrentar futuros desafios com confiança.

Capítulo 21:

Desafiando o Medo do Fracasso

21.1 *Identificando o medo do fracasso e suas origens*

O medo do fracasso é uma emoção poderosa que pode paralisar nossas ações e impedir nosso progresso em direção aos objetivos. Identificar esse medo e compreender suas origens é o primeiro passo para superá-lo e alcançar o sucesso desejado. Uma das maneiras de identificar o medo do fracasso é prestar atenção aos pensamentos negativos que surgem quando nos deparamos com desafios ou oportunidades de crescimento. Esses pensamentos autodepreciativos, como "não sou bom o suficiente" ou "nunca vou conseguir", são indicativos do medo subjacente ao fracasso. Além disso, observar padrões de comportamento evitativo ou procrastinatório diante de situações desafiadoras pode revelar a presença do medo do fracasso em nossa vida. Quando nos encontramos constantemente adiando tarefas importantes ou evitando assumir riscos calculados, é provável que estejamos sendo influenciados por esse medo inconsciente. Para compreender as origens do medo do fracasso, pode ser útil refletir sobre experiências passadas que tenham contribuído para a formação dessa crença limitante. Traumas emocionais, críticas severas ou falhas anteriores podem ter deixado marcas profundas em nossa psique, alimentando o medo de não sermos capazes o suficiente para alcançar nossos objetivos. Um exemplo prático da identificação das origens do medo do fracasso é o caso de um profissional que sempre teve dificuldade em assumir novos desafios no trabalho após receber críticas negativas de um chefe autoritário no passado. Ao reconhecer essa conexão entre as críticas recebidas e seu atual medo de falhar, ele pode começar a trabalhar na superação desse obstáculo emocional. Em resumo, identificar o medo do fracasso e suas origens é essencial para superá-lo e avançar em direção aos nossos objetivos com confiança e determinação. Ao investigarmos nossos pensamentos, comportamentos e experiências passadas relacionadas ao fracasso, podemos começar a desafiar essas crenças limitantes e construir uma mentalidade mais positiva e resiliente.

21.2 *Estratégias para enfrentar e superar o medo do fracasso*

nfrentar e superar o medo do fracasso requer um conjunto de estratégias eficazes que nos ajudem a desafiar nossas crenças limitantes e avançar em direção aos nossos objetivos com confiança. Aqui estão algumas abordagens práticas para lidar com esse medo: 1.Pratique a autocompaixão: Em vez de se criticar severamente por erros passados ou possíveis falhas futuras, pratique a autocompaixão. Reconheça que todos cometem erros e que o fracasso faz parte do processo de aprendizagem e crescimento. Cultivar uma atitude gentil consigo mesmo pode ajudar a reduzir o medo do fracasso. 2.Desafie pensamentos negativos: Quando surgirem pensamentos autodepreciativos relacionados ao fracasso, questione sua veracidade. Analise racionalmente se essas crenças são realmente fundamentadas em fatos ou se são apenas percepções distorcidas. Substitua esses pensamentos negativos por afirmações positivas e encorajadoras. 3.Estabeleça metas realistas: Defina metas alcançáveis e mensuráveis, dividindo-as em etapas menores e mais gerenciáveis. Ao atingir pequenos marcos ao longo do caminho, você construirá confiança em suas habilidades e reduzirá o medo de não ser capaz de alcançar seus objetivos finais. 4.Busque apoio emocional: Compartilhar seus medos e preocupações com amigos, familiares ou um profissional de saúde mental pode fornecer uma perspectiva externa valiosa e apoio emocional durante momentos de dúvida ou insegurança. Sentir-se apoiado por outros pode fortalecer sua resiliência diante do medo do fracasso. Ao adotar essas estratégias e incorporá-las em sua rotina diária, você estará melhor equipado para enfrentar e superar o medo do fracasso, permitindo que alcance seu potencial máximo com coragem e determinação.

21.3 *Transformando o medo em motivação e oportunidade*

Quando se trata de transformar o medo do fracasso em motivação e oportunidade, é essencial mudar a perspectiva sobre os desafios que surgem ao longo do caminho. Em vez de ver o fracasso como um obstáculo intransponível, é possível encará-lo como uma oportunidade de crescimento e aprendizado. 21 Uma maneira eficaz de transformar o medo em motivação é estabelecer um diálogo interno positivo. Em vez de se concentrar nos possíveis resultados negativos, concentrese nas lições que podem ser aprendidas com cada experiência, independentemente do resultado final. Ao adotar uma mentalidade de crescimento, você pode usar o medo como combustível para impulsionar sua determinação e perseverança. Além disso, é importante definir metas desafiadoras, mas realistas. Ao estabelecer objetivos que estejam fora da sua zona de conforto, você cria uma oportunidade para superar seus limites e expandir suas habilidades. Cada pequena conquista ao longo do caminho servirá como um lembrete constante do seu progresso e potencial para alcançar grandes feitos. Outra estratégia poderosa para transformar o medo em oportunidade é buscar inspiração em histórias de sucesso de outras pessoas. Ao observar como indivíduos enfrentaram desafios semelhantes aos seus e emergiram mais fortes e mais resilientes, você pode encontrar encorajamento para seguir em frente, mesmo quando as probabilidades parecem estar contra você. Lembre-se sempre de que o fracasso não define quem você é; é simplesmente uma parte inevitável do processo de crescimento pessoal e profissional. Ao abraçar o medo com coragem e determinação, você pode transformá-lo em uma fonte poderosa de motivação e oportunidade para alcançar seus objetivos mais ambiciosos

Capítulo 22:

Desenvolvendo a Autoestima e a Autoconfiança

22.1 Reconhecendo a importância da autoestima e autoconfiança

A autoestima e a autoconfiança desempenham um papel fundamental em nossa vida, influenciando diretamente nossa capacidade de enfrentar desafios, alcançar metas e lidar com adversidades. Reconhecer a importância desses aspectos emocionais é o primeiro passo para desenvolvê-los e fortalecê-los ao longo do tempo. Quando possuímos uma autoestima saudável, somos capazes de nos valorizar, reconhecer nossas qualidades e aceitar nossas imperfeições com compaixão. Isso nos permite estabelecer limites saudáveis, tomar decisões assertivas e cultivar relacionamentos positivos baseados no respeito mútuo. Por outro lado, a falta de autoestima pode nos levar a duvidar de nossas habilidades, buscar validação externa constante e sucumbir à autocrítica prejudicial. Já a autoconfiança está diretamente ligada à crença em nossas próprias capacidades e competências. Quando confiamos em nós mesmos, somos mais propensos a assumir riscos calculados, persistir diante dos obstáculos e buscar oportunidades de crescimento pessoal e profissional. Por outro lado, a falta de autoconfiança pode nos impedir de explorar nosso potencial pleno, limitando-nos em nossa zona de conforto e minando nossa motivação para alcançar novos patamares. Reconhecer que tanto a autoestima quanto a autoconfiança são pilares essenciais para uma vida equilibrada e realizada nos permite direcionar nossos esforços para fortalecer esses aspectos emocionais. Ao investirmos em práticas que promovam o amor-próprio, o autocuidado e o desenvolvimento pessoal, estamos construindo as bases para uma mentalidade positiva e resiliente que nos sustentará diante dos desafios da vida. Portanto, ao reconhecermos a importância da autoestima e da autoconfiança em nossa jornada pessoal, estamos dando um passo significativo rumo ao empoderamento emocional necessário para enfrentarmos os altos e baixos da vida com coragem, determinação e autenticidade.

22.2 *Práticas para fortalecer a autoestima e autoconfiança*

Desenvolver a autoestima e a autoconfiança requer práticas consistentes e intencionais que promovam o amor-próprio, o autocuidado e o crescimento pessoal. Aqui estão algumas estratégias eficazes para fortalecer esses aspectos emocionais: Cultive pensamentos positivos Uma maneira poderosa de fortalecer a autoestima é praticar a autocompaixão e substituir pensamentos negativos por afirmações positivas. Por exemplo, ao invés de se criticar por um erro, reconheça suas qualidades e conquistas. Esse hábito ajuda a construir uma mentalidade mais otimista e resiliente. Estabeleça metas alcançáveis A definição de metas realistas e alcançáveis pode impulsionar a autoconfiança, pois cada pequena conquista reforça a crença em suas habilidades. Ao atingir esses objetivos, você se sentirá mais capaz e confiante para enfrentar desafios maiores no futuro. Pratique a gratidão Expressar gratidão pelas coisas boas em sua vida ajuda a cultivar uma perspectiva positiva e aumenta sua autoestima. Reconhecer as bênçãos diárias, por menores que sejam, fortalece sua conexão consigo mesmo e com o mundo ao seu redor. Cuide do seu bem-estar físico e emocional O autocuidado é fundamental para fortalecer tanto a autoestima quanto a autoconfiança. Priorize suas necessidades físicas, emocionais e mentais, reservando tempo para atividades que lhe tragam prazer e relaxamento. Quando você se sente bem consigo mesmo, é mais fácil confiar em suas capacidades. Ao incorporar essas práticas em sua rotina diária, você estará investindo no desenvolvimento de uma autoestima saudável e na construção de uma base sólida de autoconfiança. Lembre-se de que o processo de fortalecimento desses aspectos emocionais é contínuo e requer dedicação constante, mas os benefícios valiosos que você colherá valerão cada esforço dedicado.

22.3 *Superando inseguranças e construindo uma imagem positiva de si mesmo*

Superar inseguranças e desenvolver uma imagem positiva de si mesmo é um processo desafiador, mas fundamental para o bem-estar emocional e a autoconfiança. Aqui estão 24 algumas estratégias adicionais que podem ajudar nesse caminho: Identifique suas crenças limitantes Muitas vezes, nossas inseguranças são alimentadas por crenças negativas sobre nós mesmos que internalizamos ao longo do tempo. Identificar essas crenças limitantes é o primeiro passo para desafiá-las e substituí-las por pensamentos mais positivos e construtivos. Por exemplo, se você acredita que não é bom o suficiente, questione essa ideia e busque evidências que contradigam essa percepção. Pratique a aceitação e o perdão Aceitar suas imperfeições e erros passados é essencial para construir uma imagem positiva de si mesmo. Todos cometemos falhas e enfrentamos desafios, faz parte da jornada humana. Praticar o perdão consigo mesmo permite liberar ressentimentos internos e cultivar a compaixão, promovendo um relacionamento mais saudável consigo mesmo. Crie um ambiente de apoio Rodear-se de pessoas que te apoiam, valorizam suas qualidades e te incentivam a crescer é fundamental para fortalecer sua autoestima. Busque relacionamentos saudáveis e genuínos que nutram seu senso de valor próprio e contribuam positivamente para sua autoimagem. Desenvolva habilidades pessoais O desenvolvimento contínuo de habilidades pessoais pode ser uma maneira poderosa de superar inseguranças e aumentar a autoconfiança. Ao adquirir novos conhecimentos ou dominar uma habilidade específica, você se sentirá mais competente e capaz de lidar com desafios futuros.

Isso também ajuda a reforçar sua autoimagem positiva. Ao implementar essas estratégias em conjunto com as práticas mencionadas anteriormente, você estará construindo uma base sólida para superar inseguranças, fortalecer sua autoestima e desenvolver uma imagem positiva e autêntica de si mesmo.

Capítulo 23:

Resetando sua mente

23.1 *Compreendendo o conceito de reset mental*

O conceito de reset mental refere-se à prática de renovar e reequilibrar a mente, permitindo liberar pensamentos negativos, estresse acumulado e padrões mentais disfuncionais. Assim como um computador precisa ser reiniciado para funcionar de forma mais eficiente, nossa mente também pode se beneficiar de um "reset" para melhorar seu desempenho e bem-estar emocional. Resetar a mente envolve técnicas e estratégias que promovem a limpeza mental, o relaxamento e a renovação das energias psicológicas. Isso pode incluir práticas como meditação, mindfulness, exercícios de respiração, visualização criativa e atividades que promovam o relaxamento físico e mental. Uma analogia útil para entender o reset mental é pensar em nossa mente como um copo d'água cheio. Ao longo do tempo, esse copo pode acumular sujeira, detritos e impurezas (pensamentos negativos, estresse, preocupações). Resetar a mente seria equivalente a esvaziar esse copo, limpá-lo completamente e enchê-lo com água fresca e pura (pensamentos positivos, calma interior). Além disso, o reset mental também pode ajudar a interromper padrões automáticos de pensamento negativo ou autocrítico que podem impactar nossa autoestima e autoconfiança. Ao praticarmos regularmente o reset da mente, podemos criar espaço para novas perspectivas, insights criativos e uma sensação renovada de clareza mental. Em resumo, compreender o conceito de reset mental é reconhecer a importância de cuidar da saúde emocional e psicológica através da prática regular de técnicas que promovam o equilíbrio mental, a renovação das energias mentais e a promoção do bemestar emocional.

23.2 *Estratégias para reiniciar a mente e liberar traumas passados*

Quando se trata de resetar a mente e liberar traumas passados, é essencial adotar estratégias que promovam a cura emocional e o bem-estar psicológico. Aqui estão algumas abordagens eficazes para ajudá-lo nesse processo: Terapia cognitivo-comportamental (TCC): A TCC é uma abordagem terapêutica comprovada para lidar com traumas passados, ajudando os indivíduos a identificar e 26 modificar padrões de pensamento disfuncionais que contribuem para o sofrimento emocional. Ao trabalhar com um terapeuta qualificado, você pode aprender a reestruturar suas crenças negativas e desenvolver habilidades para lidar com desencadeadores de estresse. Práticas de autocuidado: Incorporar práticas de autocuidado em sua rotina diária pode ser fundamental para resetar sua mente e liberar traumas passados.

Isso pode incluir atividades como meditação, ioga, exercícios físicos regulares, alimentação saudável e sono adequado. Cuidar do seu corpo e mente ajuda a fortalecer sua resiliência emocional e promover a cura interior. Escrita terapêutica: Escrever sobre suas experiências passadas pode ser uma forma poderosa de processar emoções reprimidas e liberar traumas. Manter um diário ou escrever cartas não enviadas para pessoas envolvidas em situações dolorosas pode ajudá-lo a expressar seus sentimentos mais profundos e encontrar alívio emocional. Terapia EMDR: O Eye Movement Desensitization and Reprocessing (EMDR) é uma abordagem terapêutica eficaz no tratamento de traumas passados. Essa técnica envolve direcionar o movimento dos olhos enquanto o paciente revisita memórias dolorosas, facilitando o processamento dessas lembranças traumáticas e promovendo a cura emocional. Ao combinar diferentes estratégias para resetar sua mente e liberar traumas passados, você pode iniciar um processo transformador de cura interior e crescimento pessoal. Lembre-se de que buscar ajuda profissional quando necessário é fundamental para garantir um progresso significativo em sua jornada de recuperação emocional.

23.3 Cultivando uma mentalidade de crescimento contínuo

Para cultivar uma mentalidade de crescimento contínuo, é essencial adotar práticas e hábitos que promovam o desenvolvimento pessoal e a busca constante por aprendizado. Aqui estão algumas estratégias para ajudá-lo nesse processo: Estabeleça metas desafiadoras: Definir metas desafiadoras e realistas pode impulsionar seu crescimento pessoal. Ao estabelecer objetivos claros e mensuráveis, você se motiva a buscar novas habilidades e conhecimentos para alcançá-los. Isso ajuda a expandir seus limites e superar obstáculos, promovendo um mindset de crescimento. Busque feedback construtivo: Esteja aberto a receber feedback construtivo de colegas, mentores ou profissionais em sua área de atuação. O feedback pode fornecer 27 insights valiosos sobre suas áreas de melhoria e oportunidades de desenvolvimento. Ao aceitar críticas de forma positiva, você pode identificar pontos cegos e trabalhar para melhorar constantemente. Cultive a resiliência emocional: Desenvolver resiliência emocional é fundamental para lidar com desafios e adversidades ao longo do caminho do crescimento pessoal. Praticar a autocompaixão, manter uma atitude positiva diante das dificuldades e aprender com os fracassos são maneiras eficazes de fortalecer sua capacidade de enfrentar situações adversas com determinação. Explore novas experiências: Sair da zona de conforto e experimentar coisas novas é uma maneira poderosa de estimular o crescimento pessoal. Ao se expor a diferentes ambientes, pessoas e atividades, você amplia sua perspectiva, adquire novas habilidades e descobre novas paixões. Essa abertura para o novo alimenta uma mentalidade de aprendizado contínuo. Ao adotar essas estratégias em sua vida cotidiana, você estará cultivando uma mentalidade de crescimento contínuo que o impulsionará na busca por autoaperfeiçoamento e realização pessoal. Lembre-se de que o processo de crescimento é gradual e requer dedicação constante, mas os benefícios a longo prazo são inestimáveis

Capítulo 24:

Construindo Riqueza

24.1 *Explorando as crenças limitantes relacionadas à riqueza*

As crenças limitantes relacionadas à riqueza são ideias arraigadas em nossa mente que nos impedem de alcançar nosso pleno potencial financeiro. Essas crenças podem ser adquiridas ao longo da vida, muitas vezes provenientes de experiências passadas, educação familiar ou influências culturais. Identificar e desafiar essas crenças é fundamental para construir riqueza e prosperidade. Um exemplo comum de crença limitante é a ideia de que o dinheiro é a raiz de todos os males. Essa mentalidade pode levar a uma aversão inconsciente ao sucesso financeiro, resultando em autossabotagem e dificuldade em acumular riqueza. Ao reconhecer essa crença e substituí-la por pensamentos mais positivos sobre o dinheiro, como vê-lo como uma ferramenta para realizar sonhos e impactar positivamente o mundo, podemos mudar nossa relação com a riqueza. Outra crença limitante comum é a ideia de que apenas pessoas gananciosas ou desonestas conseguem enriquecer. Essa mentalidade pode criar um conflito interno entre o desejo de prosperar financeiramente e a preocupação em manter valores éticos. No entanto, é possível construir riqueza de forma honesta e alinhada com nossos princípios, contribuindo para o bem-estar pessoal e coletivo. Além disso, a crença de que não somos merecedores de sucesso financeiro também pode nos impedir de buscar oportunidades lucrativas ou investir em nosso crescimento profissional. Trabalhar na autoestima e na valorização pessoal é essencial para superar essa barreira interna e abrir espaço para a abundância em nossas vidas. Ao explorar e desafiar essas crenças limitantes relacionadas à riqueza, podemos expandir nossa visão sobre o dinheiro, desenvolver uma mentalidade próspera e criar novas possibilidades de crescimento financeiro. A jornada rumo à construção da riqueza começa dentro de nós mesmos, transformando nossos pensamentos negativos em poderosas alavancas para o sucesso econômico.

24.2 *Mudança de mentalidade em relação à riqueza*

Para construir riqueza de forma sustentável e significativa, é essencial promover uma mudança profunda na nossa mentalidade em relação ao dinheiro. Isso envolve não 29 apenas identificar e desafiar crenças limitantes, mas também cultivar uma nova perspectiva positiva e saudável sobre a prosperidade financeira. Uma abordagem eficaz para mudar a mentalidade em relação à riqueza é praticar a gratidão pelo que já temos. Ao reconhecer e valorizar os recursos e oportunidades presentes em nossas vidas, criamos um ambiente propício para atrair mais abundância. A gratidão abre portas para novas possibilidades e nos ajuda a manter uma atitude positiva diante dos desafios financeiros. Além disso, é fundamental desenvolver uma mentalidade de crescimento em relação ao dinheiro. Em vez de ver a riqueza como um recurso limitado ou exclusivo para alguns privilegiados, devemos encará-la como algo que pode ser cultivado e expandido por meio do aprendizado contínuo, da persistência e do trabalho árduo. Acreditar que somos capazes de aumentar nossa prosperidade financeira nos motiva a buscar novas oportunidades e investir no nosso desenvolvimento pessoal e profissional. Outro aspecto importante da mudança de mentalidade em relação à riqueza é aprender a gerenciar o dinheiro com sabedoria. Isso inclui criar um plano financeiro sólido, estabelecer metas claras de curto e longo prazo, praticar o controle dos gastos e investir de forma inteligente. Ao adotar hábitos financeiros saudáveis e responsáveis, estamos construindo as bases para uma vida financeira estável e próspera. Em resumo, a mudança de mentalidade em relação à riqueza não se trata apenas de superar crenças limitantes, mas também de cultivar uma nova visão positiva sobre o dinheiro, praticando a gratidão, adotando uma mentalidade de crescimento e desenvolvendo habilidades financeiras sólidas. Ao transformarmos nossa relação com o dinheiro, abrimos caminho para alcançar nossos objetivos financeiros com confiança e determinação. Praticando a Gratidão e Reconhecimento Uma estratégia fundamental para construir uma base sólida

para a construção de riqueza é praticar a gratidão e reconhecimento pelo que já possuímos. Ao valorizarmos os recursos e oportunidades presentes em nossas vidas, criamos um ambiente propício para atrair mais abundância. Por exemplo, ao reconhecer a segurança de ter um emprego estável ou o apoio de amigos e familiares, estamos fortalecendo nossa mentalidade positiva em relação ao dinheiro. Além disso, ao praticar a gratidão diariamente, podemos mudar nossa perspectiva sobre as situações financeiras desafiadoras. Em vez de focar apenas nos obstáculos, 30 aprendemos a enxergar as lições e oportunidades de crescimento que surgem dessas experiências. Isso nos ajuda a manter uma atitude positiva mesmo diante das adversidades financeiras. Um exercício prático para incorporar a gratidão em sua rotina é manter um diário onde você registra três coisas pelas quais é grato todos os dias. Isso não apenas aumenta sua consciência sobre as bênçãos presentes em sua vida, mas também fortalece sua *mentalidade* positiva em relação à riqueza.

24.1 *Cultivando uma Mentalidade de Crescimento Financeiro*

Outra estratégia essencial para criar uma base sólida para a construção de riqueza é cultivar uma mentalidade de crescimento financeiro. Em vez de ver o dinheiro como algo fixo ou limitado, devemos encará-lo como um recurso que pode ser desenvolvido e expandido ao longo do tempo. Por exemplo, ao adotar uma mentalidade de crescimento, você pode buscar constantemente novas oportunidades de aprendizado e investimento. Isso pode envolver fazer cursos para melhorar suas habilidades profissionais, explorar diferentes formas de investimento ou buscar mentoria com pessoas bem-sucedidas na área financeira. Acreditar que você tem o poder de aumentar sua prosperidade financeira através do esforço e da educação contínua é fundamental para construir riqueza de forma sustentável. Ao cultivar essa mentalidade positiva em relação ao dinheiro, você estará mais motivado a perseguir seus objetivos financeiros com determinação e confiança: O livro "Reset Mental: Tome o Controle da Sua Vida, Vença as Limitações da Sua Mente, e Construa Riqueza" aborda a importância de compreender e superar traumas e crenças limitantes para alcançar o sucesso e a prosperidade. Os capítulos do livro incluem:

1.Compreendendo a Origem dos Traumas: Explora como os traumas do passado podem influenciar nossas crenças e comportamentos atuais.

2.Reconhecendo Sinais de Trauma e Limitações: Ajuda o leitor a identificar padrões negativos em sua vida que podem ser resultado de traumas não resolvidos.

3.Desbloqueando Crenças Limitantes: Apresenta estratégias para superar pensamentos negativos que impedem o progresso pessoal.

4.Vencendo a Sua Mente Tomando o Controle: Mostra como é possível dominar os pensamentos e emoções para alcançar objetivos desejados.

5.O Poder que a Mente Tem de Criar uma Realidade: Destaca a importância da mentalidade positiva na criação de uma vida abundante.

6.Utilizando a Visualização Criativa: Ensina técnicas para visualizar metas e sonhos como se já fossem realidade.

7.Desafiando o Medo do Fracasso: Aborda como enfrentar o medo e seguir em frente mesmo diante das adversidades.

8.Desenvolvendo a Autoestima e Autoconfiança: Explora maneiras de fortalecer a autoestima e confiança em si mesmo.

9.Resetando Sua Mente: Propõe um novo começo, livre de limitações passadas, para criar uma vida plena.

Este livro oferece insights valiosos sobre como superar obstáculos mentais, desenvolver uma mentalidade positiva e construir um futuro próspero através do autoconhecimento e autotransformação.